나의 외국어, 당신의 모국어

나의 외국어, 당신의 모국어
문득 그립고 가득 고마운 말들에 대하여

초판 발행일 2022년 12월 5일
지은이 이보현
펴낸이 유현조
편집장 강주한
디자인 연못
인쇄·제본 영신사
종이 한서지업사

펴낸 곳 소나무
등록 1987년 12월 12일 제2013-000063호
주소 경기도 고양시 덕양구 대덕로 86번길 85(현천동 121-6)
전화 02-375-5784
팩스 02-375-5789
전자우편 sonamoopub@empas.com
전자집 post.naver.com/sonamoopub1

ⓒ 이보현, 2022
ISBN 978-89-7139-106-8 (03810)

나의 외국어, 당신의 모국어

문득 그립고 가득 고마운 말들에 대하여

이보현 지음

소나무

prologue
기억의 거짓

아이가 말하는 아주 어릴 적 기억은 거짓일 가능성이 높다고 한다. 기억은 언어와 연관이 있고 아이가 아는 어휘의 수가 기억의 정확도를 결정한다는 뜻이다. 우리가 사물을 기억하고 장소와 시간을 떠올릴 수 있는 이유는 그 모든 것에 이름이 붙여졌기 때문이다. 내가 만난 사람의 이름, 그 장소의 명칭 그리고 나눈 사물을 지칭하는 어휘들. 그 모든 단어들이 기억을 완성한다. 우리가 떠올리는 기억은 언어로 재현된다. 어휘가 어른에 비해 상대적으로 부족한 아이들의 기억은 그 주장에 따르면 거짓일 수밖에 없다.

 20대 초반에 독일행 비행기를 올라탔을 때 나의 독일어 실력은 겨우 읽는 수준이었다. 읽고 쓰고 듣고 말하고. 이른바 언어 능력 평가 기준 네 가지를 균형 있게 만들기까지 두 해는 걸렸던 것 같다. 그 과정 동안 익힌 독일어 단어는 몇 개나 될까. 문득 궁금해진 것에 숫자를 붙여 보고 싶어졌다. 유학 초기에 부모님에게 급하게 전화를 걸어 국제 특급 배송으로 받은 독일어 단어장에는 단어 6,000개가 수록되어 있었다. 지금 다시 펼쳐 보니, 몇 개를 제외하고는 모두 수년 동안 습득해서 익숙해진 단어들이다. 그 단어장을 택배로 받았을 때는 5,950개는 낯선 것이었다. 당시에 나는 고작 50여 개의 어휘를 갖고 독일이란 땅에 살고 있었다. 그렇다면 당시의 기억은 50개의 단어로만 표현되는 것일까. 나는 과거의 50가지 기억만 갖고 있는 것일까.

나는 수백만 개의 기억을 품고 있다. 독일에서의 기억만 묻는다면 그 역시 수백만 개일 것이다. 내가 아는 독일어 단어가 50개 혹은 5,950개일지라도. 나의 기억이 수백만 개인 것은 나의 모국어인 한국어 덕분이다. 모국어가 없었더라면 나는 외국어들도 채워지는 기억들을 완성하지 못했을 것이다. 독일에서의 기쁨과 슬픔은 단지 독일어로만 표현되는 것은 아니다. 그 안에 모국어가 끌어내는 감정의 순간들이 분명 존재했다. 오직 모국어로만 담을 수 있는 장면들도 있다.

모국어와 외국어로 살아가는 삶은 하나의 언어로

살아가는 삶보다 조금은 벅차다. 그러다 문득 버겁다. 굳이 찾아내려는 단어들 때문이다. 모국어로도 애매한 순간은 독일어, 영어, 프랑스어, 중국어에서 뒤져 본다. 결국 찾지 못하는 순간들이 있다. 그 기억에 결국 딱 맞아떨어지는 어휘를 붙이지 못한다. 나에게는 그렇게 거짓이 조금 담긴 기억들이 또 수십만 개는 될 것 같다. 나는 기억들을 완성시키기 위해 또 다른 외국어를 찾고 있는지도 모른다.

이 책에는 '완성된 기억'도 '거짓이 조금 담긴 기억'도 모국어와 외국어로 섞인 채 담겨 있다. 여전히 거짓을 진실로 완성하기 위해 상당한 언어를 찾는 여정 가운데 있다. 흩어진 어휘들을 찾는 도중에 쓰여진 책이다. 혹은 완성될 단어를 내가 아닌 누군가는 알고 있지 않을까. 나의 외국어를 쓰고 있는 이일까. 당신의 모국어를 쓰는 이일지도 모른다. 이 책은 각자의 언어로 완성될 책은 아닐까. 그렇게 바라며 언어로 조작된 기억의 조각을 건넨다.

prologue 기억의 거짓 5

나의 외국어, 당신의 모국어

나의 외국어, 당신의 모국어 13
20유로라는 부끄러움 17
가지튀김과 2유로 동전 한 닢 23
마왕의 속삭임 28
그걸로 충분하다 34
중국에서 만난 북한 사람, 독일에서 만난 북한 사람 38
손은 입보다 정확하다 42
당길 것인가 밀 것인가 47
독일어가 전라도 사투리로 들릴 때 51
나에게는 좋은, 너에게는 싫은 단어 54
Everything is NOT okay 59
베를린 사투리가 내게 알려 준 것 64

나의 말이 이울고, 우리의 말이 돋는 시간

영수가 등교를 합니다 73
Mama가 아닌 엄마 79
한국어가 무기가 될 때 84
내 꿈은 polyglot 89
프랑스 철학 와인 모임 92
커피 한 잔 시켜 보세요 96
타인의 신발을 신어 보다 101
독일어 방언이 터진 날 106
아이가 한자를 배웠으면 좋겠다 111
뉘앙스라 쓰고 눈치라고 읽는다 115
외국어를 모국어로 바꾸는 일 121

당신의 외국어, 나의 모국어

대화의 톺아보기 129
Ctrl C + Ctrl V를 할 수 없는 까닭 132
서바이벌 한 문장 136
크로와쌍, 크로~쏭, 크롸상 139
비닐봉투는 평등하다 143
내가 사랑하는 모국어와 외국어 146
언어의 위로 150
눈으로 배우는 제2모국어 154
보현이모 예뻐요 158
언제 그 언어를 배웠는가 163
맥주 두 병 주세요 166
외국어 세계의 문턱에서 170

epilogue 모국어와 외국어의 얼굴들 177

나의 외국어, 당신의 모국어

나의 외국어, 당신의 모국어

이 글을 써보고자 생각한 건 아마 그날의 기억 때문일 것이다. 미국에서 태어나 재미교포 2세로 살아가는 사촌동생은 발리에서 결혼식을 올리고 신혼여행지로 한국을 택했다. 미국인 남편과 2주간 제주도부터 서울까지 돌아보기로 한 동생의 여행 가이드를 남편과 내가 자진하고 나섰다. 동생 부부와 인사동에서 만나기로 했다. 녹차로 유명한 카페에서 첫인사를 나눴다. 서로 어색한 분위기를 느낄 즈음에 동생이 흥미로운 퀴즈를 내겠다고 했다.

"Unni, what do you call a person who can speak three languages?(언니, 세 개의 언어를 할 줄 아는 사람을 뭐라고 하죠?)"

"Trilingual."

"So, who speaks two languages?(그럼, 두 개의 언어를 하는 사람은요?)"

"Bilingual."

"Yes, one last question, who speaks only one language?(그럼, 한 개의 언어만 구사하는 사람은요?)"

"I don't know.(모르겠어.)"

"Unni, it's American.(언니, 정답은 '미국인'이에요.)"

우리는 크게 웃었지만, 그 순간 동생의 남편만은 웃지 않았다. 나는 그 찰나에 그의 얼굴에서 익숙한 표정을 읽었다. 낯설지 않은 표정은 몇 년 전 내 얼굴에서 종종 드러난 것과 같았다. 알아듣지 못해 어리둥절하는 표정이 아니라, 충분히 당혹스럽고 불쾌감을 드러낸 표정 말이다. 그리고 분명하게 담긴 '부끄러움'이라는 감정 역시.

외국어를 편하게 쓰던 시기를 묻거나, 잘하는 기준을 묻는 이들에게 나의 대답은 늘 한결같았다.

"외국어 농담을 던진 사람과 동시에 웃을 수 있는 순간. 그때 나도 이제 제법 외국어를 편하게 쓰게 되었구나 생각해요."

내 앞의 사람이 나에게 무언가를 물었을 때 알아듣지 못했다면 되물으면 된다. 하지만 유머나 농담은 다르다. 그 순간에 웃지 못한다면 되묻지 못한다. 처음에는 눈치껏 따라 웃기도 했지만, 상대방이 곧 눈치챈 걸 나 또한 알아챘다. 상대가 한 명이 아니라 여러 명이라면 더욱 부끄러워진다. 집에 돌아가는 길, 수치심에 튀어나오는 단어를 허공에 내뱉었다.
'이런 바보 멍청이. 도대체 넌 왜 그것밖에 안 되는 거니.'
샤워하면서, 머리를 잡아당기며, 침대 위에서는 이불을 뒤집어쓰고 소리를 지르곤 했다.
'야! 이 바보 멍청아!'

쩔쩔매던 외국어를 읽고 쓰고 말하게 되었다. 내 앞에 있는 이가 던지는 농담에 정확한 반응과 웃음도 시기적절하게 사용할 줄도 알았다. 그제서야 외국어를 제법 할 줄 안다고 생각했다. 이력서마다 'fluent(플루언트, 보통 언어 구사 능력에 넣는 표현으로 '상'에 해당하는 수준을 뜻한다)'를 적으면서도 그동안 노력의 결과라는 생각에 뿌듯하기도 했다. 시간만으로 해결되는 것이 아니라 그 흘러가는 시간을 붙잡아 가며 고군분투했던 모든 것에 대한 보상이라는 생각이 들었다. 하지만 내가 크게 놓치고 있다는 걸 그날 동생의 남편 표정으로 알았다.

따라가지 못해서 애태우고 때론 동동거리며 외국어를 배우던 나를 잊고 있었던 건 아닐까. 외국어의 무게를 짊어진 채 이방인으로 살아가던 그날을 금세 또 잊었던 걸까.

그 애매한 무게감을 떠올려 보기로 했다. 얼굴이 뻘게진 채로 집으로 돌아가던 그날의 나를 끄집어내 보려 한다. 외국어를 증오하면서도 살아내기 위해 선택할 수밖에 없던 그 순간들을 소환해 보고자 한다.

이 글은 나의 외국어와 당신의 모국어에 관한 이야기, 혹은 나의 모국어와 당신의 외국어에 대한 잔상들을 불러 모아 본 것이다. 그 조각들 속 당신의 얼굴과 나의 얼굴을 담아.

20유로라는 부끄러움

독일 첫 학기 첫 수업.

교수님은 강의실을 한번 둘러보더니, 영어로 수업하길 원하는 사람이 있는지 물었다. 나는 오른손을 가볍게 올렸다. 혼자였다. 교수님은 바로 독일어로 첫 수업을 이끌었다. 나는 그날 그 자리에서 소리를 삼키며 눈물을 뚝뚝 흘렸다. 교수님에게 서운한 마음은 들지 않았다. 온전히 내가 짊어지고 가야 하는 것이 바로 외국어구나. 오직 그 생각만 들었다. 누구도 도와줄 수 없고 누군가의 아량을 바랄 일도 아니었다.

첫 학기 내내 알아듣지 못하는 독일어 수업에서 입술을 악물었다. 울면 무너질까 봐. 남은 자존심을 붙잡는 것이 유일하게 강의 중에 내가 할 수 있는 일이었다. 영어로 진행되는 수업에서도 이미 상기되고 쪼그라든 자존심 때문에 얼어 있었다. 대답 한 번에도 수백 가지 생각이 머릿속을 오갔다. 자전거를 타고 집으로 돌아가는 그 길 위에서만 나는 소리 내어 울었고, 유학 생활은 이미 망했다며 홀로 조기 귀국에 마음을 굳히고 있었다.

첫 학기가 끝날 무렵, 마지막 페이퍼를 봐주던 지도 교수님은 방학 계획을 물었다. 어학원과 개인 튜터에게 독일어를 배울 생각이라고 대답했다. 교수님은 잠시 누군가에게 전화를 걸더니, 나에게 이메일 주소를 건넸다. 예술대학 동료 교수님의 연락처였다. 독일어를 읽는 것만 겨우 하는 나에게 생활 독일어를 우선 익힐 것을 권유하면서 동료 교수님의 아이들을 돌보는 베이비시터 일을 추천했다. 아이들에게 배우는 언어가 학원에서 배우는 언어보다 입문자에게 접근하기 쉽다는 건 지도 교수님의 생각이었다. 나는 그 생각이 옳았음을 베이비시터로 아이를 맡은 첫날 바로 확인했다.

예술대학에서 무대 설치미술을 가르치는 교수님은 공무원인 아내, 세 명의 딸과 학교 근처에 살고 있었다. 나는 교수님 가족과 30분간 면접을 본 후 그다음 날부터 둘째 딸아이의 하원을 맡았다. 근처 학교에서 하원 시간에 맞춰 아이를 픽업하고 집에 와서 간식을 챙기고 숙제를 봐주는 일이었다. 몇 달 전까지 영국에서 지내다 온 아이라 영어도 편하게 사용했기에 큰 어려움이 없었다. 첫 아르바이트를 순조롭게 시작했다.

지도 교수님으로부터 나의 상황을 이미 알고 있던 교수님 가족은 가능하면 나에게 영어보다는 독일어로 말을 걸었다. 아이도 나에게 독일어로 천천히 말해 주었다. 어른보다 쉬운 문장 구조를 사용하는 아이에게서 더 쉽고 마음 편하게 독일어를 배워 갔다. 간혹 내가 알아듣지 못하는 부분은 다시 몇 번이고 되풀이하며 알려 주었다. 그때마다 입을 처다보는 나에게 아이는 입을 더 크게 벌리면서 발음을 알려 주기도 했다. 아홉 살 아이의 속 깊은 배려였다. 일주일에 두 번 만나는 아이와 척이면 척하는 동료애가 생긴 것만 같았다.

베이비시터로 첫 아르바이트를 하면서 첫 독일어 라이브 강좌를 들은 셈이다. 운 좋게, 박사 논문과 한국행 문제까지 겹친 철학과 선배가 한인 식당 주말 아르바이트 자리도 넘겨주었다. 방학 동안 어학원에서 독일어 문법과 쓰기 수업을 들었다. 끝나면 평일에는 베이비시터로 아이에게 생활 독일어를 배웠다.

주말에는 식당에서 다양한 사람들의 독일어를 접하고 대응하며 자신감이 조금씩 생겼다. 조기 귀국을 마음먹던 일도 잊어버렸다. 아니, 지워 버렸다. 노력하는 만큼 언어도 늘어가는 것 같았다. 독음을 어렵지 않게 하게 되었고, 들리는 단어들도 늘어나면서 독일어의 기본 구조가 조금씩 눈에 들어왔다. 몸으로 익히는 외국어가 제법 큰 효과를 보인다는 생각이 들었다.

큰 탈 없이 흘러가던 중에 예상치 못한 일이 일어났다. 조금 마음이 조급해지는 시험 기간 중에 생긴 일이다.

하원 길에서 아이는 어느 때보다 더 느리게 집으로 향하고 있었다. 평소에도 걸어서 5분이면 닿는 거리였지만, 아이와 함께면 늘 30분씩 더 늦게 도착했다. 길 위의 꽃과 나무와 인사를 나누는 아이였다. 돌멩이에게도 이름을 붙이며 안부를 물었다. 처음에는 그런 아이를 바라보면서 순수함과 천진함에 나조차도 감동하며 옆에서 같이 대화를 거들었다. 점점 하원이 늦어질 때마다 내 마음도 급해지기 시작했다.

그날은 시험 기간까지 겹쳐 머릿속에는 온통 얼른 아이를 집에 데려가서 간식을 챙기고 숙제를 봐주고 다시 학교 도서관으로 갈 생각뿐이었다. 더 늦어지는 아이보다 서너 발자국 앞장서서 소리쳤다.

"Laurentia! Komm schnell. Ich gehe nach

Hause.(라우렌시아! 얼른 와. 나 먼저 간다.)"

아이는 고개를 살짝 들고 나를 쳐다보더니, 다시 꽃과 이야기를 나누었다.

"Laurentia! Laurentia! Ich gehe nach Hause. schnell bitte.(라우렌시아! 라우렌시아! 나 정말 먼저 간다. 라우렌시아.)"

두세 번 더 부르자, 아이는 마지못해 신발을 끌며 걸어왔다. 집에 도착해서 아이가 문을 열자 평소보다 더 일찍 도착한 아이 엄마가 현관에 서 있었다. 아이 엄마의 얼굴이 빨개져 있었다. 무언가 잘못되었다는 분위기를 감지했다. 곧 아이 엄마는 부엌 한쪽으로 나를 불렀다. 그리고 숨을 길게 내쉬고는 말했다.

"Bohyun, Laurentia ist kein Hund.(보현, 라우렌시아는 개가 아니야.)"

나는 강의실 의자에 앉아 입술을 꽉 깨물고 동동거리며 긴장했다. 강의실만 벗어나면 곧 잠시의 편안함이 들기도 했다. 그렇게 긴장과 평온함 사이를 오가면서도 한 번도 언어의 문제로 무너진 적은 없었다. 하지만 그날 나는 아이 엄마의 말에 무너져 버렸다. 그 말 밖에는 다른 표현이 없을 것만 같다.

내가 붙잡으려 했던 작고 작은 것 때문에 커다랗고 중요한 무언가를 놓치고 있는 건 아닐까. 왜 나는 독일어를 배우려 했을까. 독일어 한마디에도 기가 죽기도 하고, 그런 하루는 자기 비난만 하다가 시간을 날리기도 하고, 모든 결과에 외국어를 변명과 핑계로 삼았을까. 학위 과정에 필요한. 아니, 강의실에서 몇 문장 알아듣고자. 아니, 부끄러워지고 싶지 않아서. 아니, 그저 나도 당신들처럼 알아듣고 있다며 아는 체를 하고 싶어서였을지도 모른다.

나는 주변 사람들과 문화를 놓치고 있었다. 내가 배워야 할 것은 단지 독일어라는 작은 조각이 아니라 사람들과 독일 문화였다. 사과를 하고 나오는 길에 아이 엄마는 20유로를 내밀었다. 내가 늘 받던 아르바이트비였다.

그날 받은 20유로는 지갑에 넣지 않았다. 책 사이에 끼웠다. 책갈피로 쓰면서 아주 사소한 것에 목매며 소심해질 때마다 꺼내 보았다. 20유로라는 그날의 부끄러움을.

가지튀김과 2유로 동전 한 닢

베이비시터를 하면서 철학과 선배가 남기고 간 한인 식당 아르바이트 자리를 넘겨받았다. 처음 한국의 부모님에게 알리자 반대부터 하고 나섰다. 유학생이 왜 아르바이트까지 하는지 이해할 수 없다는 반응이었다. 공부하는 시간을 뺏는 건 아닌지, 그러다 학위가 늦어지는 건 아닌지 걱정했다. 나는 준비하지 못한 유학길에 대가를 치르고 있다고 말했다. 일 년 늦더라도 독일어를 준비해서 올 것을 후회한다며, 가방에 챙길 것은 고추장이 아니라 외국어였다며, 지금이라도 닥치는 대로 해야 한다는 두려움 담긴 포부도 전했다.

 한인 식당 일은 녹록지 않았다. 앉아서 공부만 하던 몸을 갑자기 8시간 동안 서 있는 노동을 시키려니 앓는 소리가 절로 났다. 새벽마다 한국에서 들고 온 파스를 손목에 붙이며 웃음이 나기도 했다. 그전까지는 한 번도 손목에 파스를 붙여 본 적이 없었기에. 몇 시간

전에 들어 나른 맥주 스무 박스의 여파였다. 돌솥비빔밥을 쟁반에 네 개씩 올려서 나른 날은 손목이 시큰거렸다. 그렇게 나의 종이 체력을 증명하며 일했다.

아픈 손목에는 파스를 붙이면 잠시 몇 시간은 고통을 피할 수 있었다. 하지만 서빙하면서 저지르는 실수들은 주워 담기에는 횟수도 많았고 크기도 다양했다. 대부분이 독일어를 하지 못해서 생기는 사고였다. 주문을 제대로 알아듣지 못해서 주방에 전혀 다른 메뉴를 주문 넣거나, 사이드 메뉴를 빼먹거나, 채식주의자에게 고기가 든 메뉴를 추천하기도 했다. 실수가 늘어갈 때마다 식당 사장님은 혼을 내기도 했지만, 나는 이미 스스로를 매 순간마다 다그치고 있었다.

하루는 늦은 저녁에 한 손님이 식당에 들어왔다. 비가 오는 날이라 두 테이블 정도밖에 없었다. 두 테이블이 다 비워지고 늦은 저녁에 온 손님만 남았다. 그는 주말 한정식을 주문했다. 밑반찬 다섯 개와 불고기와 국이 함께 나가는 메뉴였다. 손님에게 음식을 내려놓자 '가지튀김'을 가리키며 물었다.

"Was ist das?(이건 뭐죠?)"

"It's fried eggplant. I'm sorry. I can't speak German.(가지튀김이에요. 죄송해요. 제가 독일어를 못해서.)"

나는 영어로 답했다.

손님은 고개를 끄덕이더니 식사를 시작했다. 식사를 마친 손님이 계산대로 왔다. 보통 독일에서는 테이블에서 계산을 한다. 그날 그 손님은 계산대로 직접 왔다. 그리고 물었다.

"Are you a student?(학생인가요?)"

학생이라 말하자 나를 쳐다보며 천천히 말했다.

"Gebratenen Auberginen! in German.(게브라테넨 오버지넨! 독일어로 가지튀김이에요.)"

그리고 계산대 위에 2유로 동전을 팁으로 올리며 말했다.

"University education is supported by Germans. Speaking German is duty. I hope you do your duty.(대학교육은 독일 사람들이 지원하는 거예요. 독일어는 의무

예요. 나는 당신이 의무를 지키면 좋겠어요.)"

나는 그날 무엇을 받은 걸까. 보통 독일에서는 한 테이블당 50센트가량 팁을 준다. 나는 그 한 사람에게서 네 배 가까운 팁을 받았다. 학교 식당에서 한 끼를 먹을 수 있는 금액이었다. 집으로 돌아가는 길에 주머니에 잡히는 2유로를 만지면서 빈 지하철 칸에서 눈물을 쏟았다. 외국어의 무게감이 몸도 마음도 짓누르듯했다. 단지 언어 문제만이 아니었다. 내가 누리는 것들에 대한 책임감이 뒤따르는 것을 알았다.

돌이켜 보면 소수에 의해 겪었던 인종차별을 제외하곤 늘 독일인들과 같은 조건에 따른 혜택을 보았다. 대학원생으로 받을 수 있는 기숙사나 튜터 신청과 같은 학생 서비스 지원도 독일 학생들과 똑같이 받았다. 학비도 동등한 기준으로 면제되었다. 차별 없는 대우를 당연히 여기며 나의 의무를 알지 못했을까. 그것에 독일어도 포함된다는 사실을.

가끔 독일어를 배우지 않고 독일에 머물 수 있는 방법을 알려 주는 영상과 글을 보곤 한다. 영상 조회 수가 수십만에 이르는 영상을 불편한 마음으로 클릭하고 보았다. 학비와 기본 생활비가 한국을 포함한 국가들에 비해 저렴해서 체류하기에 가장 좋은 나라로 독일을 소개하고 있었다. 영어로도 큰 무리 없이 생활을 할 수 있다며 유학과 이민을 권유하는 내용이었다. 사실 틀린 말이라고 할 순 없다. 학비가 외국인 유학생에게 지원이 되는 것도 사실이고 기본 생활비가 한 달에 50만 원이면 부족함 없이 넉넉하다. 독일어를 하지 못해도 살아가는 이들이 있는 것도 맞다. 분명한 건 독일어를 하지 못하는 건 어쩔 수 없는 일이지만, 독일어를 하지 않는 건 문제란 사실이다. 의무를 이행하지 않는 자, 거저먹지 말지어다. 2유로 동전이 나에게 알려 준 눈물의 가르침. 그것이다.

마왕의 속삭임

몇 학기를 무사히 넘겼다. 방학을 맞이해서 그동안 미루었던 한국행 비행기에 올랐다. 한국에 머무는 2주 동안 아침, 저녁으로 독일 뉴스를 듣고 읽었다. 혹시나 그사이에 독일어를 잊어버릴까 봐 조바심이 났다. 혼자 독일어로 중얼거리기도 했고 가족과 나누는 대화 중에 독일어 단어를 내뱉기도 했다. 지금 생각하면 얼마나 촌스러운 일인가. 조바심을 내는 나의 모습을 엄마는 가만히 지켜보다 출국 이틀 전 산책길을 걸으며 말을 꺼냈다.

"딸, 많이 힘들어? 서두르지 마. 왜 동동거려. 너답지 않게."

어릴 때부터 승부욕이 강한 나에게 부모님은 바둑을 두게 했다. 이기라는 것이 아니라 질 줄도 알아야 한다는 말을 꼭 붙였다. 그런 말을 들으면서도 바둑

한두 판에 나는 눈물을 한 바가지 쏟아냈다. 동동거렸다. 질까 봐. 스스로 만족할 수 있는 힘을 기르는 악기를 다루게 한 것도 부모님 생각이었다. 승부가 아닌 홀로 결과를 내며 과정을 즐기라는 의미였다.

바둑과 바이올린을 오래 배우면서 나는 점차 마음도 가라앉히는 방법을 익혔다. 학창 시절 성적으로 조바심을 내지 않았다. 누군가의 승리에 기껍게 박수를 보내고 나의 실패를 대수롭지 않게 받아들였다. 하지만 어느새 엄마의 말처럼 나는 또다시 조급함을 온몸으로 드러내고 있었다.

다시 베를린으로 돌아가는 길에 바이올린을 기내에 실어 가져갔다. 조급함이 올라올 때마다 연주하며 진정시키려는 요량이었고 연주할 수는 없어도 가끔 꺼내어 엄마의 조언을 떠올리려 했다. 다시 독일어와 부딪히면서 기숙사 장롱 속 바이올린은 금세 잊혔다.

우연히 교내 게시판에서 오케스트라와 앙상블 단원을 모집하는 글을 보았다. 공개 오디션을 치러야 했다. 자유곡으로 보는 오디션이었지만, 학기 중이라는 부담감이 있었고 연습할 공간도 없었다.

오디션 준비를 하고 싶다는 내 말을 기억한 동기가 같은 과 선배를 소개해 주었다. 선배는 그랜드피아노를 할머니에게 물려받았다. 이사할 때마다 남들보다 세 배나 높은 이사 비용을 지불하고 있다고 했다. 나는 선배의 배려로 일주일에 두 번, 한 시간씩 연습할 수 있었다. 가끔은 내 연습곡에 맞춰 피아노 반주도 넣어 주는 선배에게 하마터면 반할 뻔했지만.

오디션 당일에 자신의 연습 공간을 빌려준 선배와 친구가 응원을 왔다. 가볍게 경험 삼겠다며 신청한 오디션이 두 명의 관객까지 생기니 부담이 커졌다. 바이올린 파트는 생각보다 경쟁이 치열하지 않았다. 음대 실기실에는 바이올린 지원자가 많았던 걸 생각하면 나의 경쟁자는 적었다. 그럼에도 오디션 결과에 상관없이 많은 관객과 심사위원 앞에 서려니 도무지 긴장이 가라앉지 않았다.

첫 번째 참가자가 무대에 올랐다. 바이올린을 들고 걸어 올라간 학생은 나처럼 아시아인이었다. 중국 학생이었다. 그리고 그 학생이 첫마디를 켰을 때, 나는 내가 떨어질 것을 단번에 알았다.

그 학생이 연주한 곡은 프란츠 슈베르트의 〈마왕(Der Erlkönig)〉이었다. 아픈 아이를 안고 새벽에 의원을 찾아가는 아빠와 생명을 빼앗으려는 마왕의 속삭임을 주고받는 형식의 웅장하면서도 싸늘한 곡이다. 화음이 주를 이루는 곡으로 피아노 연주가 익숙한 곡이다. 이전까지 나는 바이올린 연주로 들어 본 적이 없었다. 에른스트의 편곡을 바이올린 솔로로 멋지게 소화해 내는 그 학생에게 나는 넋이 나갔다. 그는 예상대로 오케스트라와 앙상블에 모두 수석으로 뽑혔고, 나는 운이 좋아 덩달아 두 팀에 연습생으로 합류했다.

우린 같은 바이올린 파트였지만 연습 시간 외에는 대화를 전혀 하지 않았다. 서로 눈치를 보는 걸 알고 있었지만, 누가 먼저 말을 걸진 않았다. 서양에서 만나는 동양인들은 같은 국적이 아니면 친해지기 어렵다. 서로 정확한 이유를 들진 않지만, 가까이 가기에는 묘한 기류가 느껴진다.
흔한 에피소드로도 알 수 있다. 일본인에게 유럽인이 '당신 한국인이에요?'라고 물으면 불쾌해 한다. 한국인에게 누군가 '당신 중국인이에요?'라고 물으면 화를 내듯. 나도 그 학생과 한 달 가까이 애매한 기류 사이에 맴돌고 있었다. 어느 날, 단 둘이 연습을 하게 된 날이었다. 나는 용기를 내어 물었다.

"혹시 오디션에서 〈마왕〉을 선택한 이유를 물어도

될까?"

망설이던 그는 이렇게 말했다.

"힘들어서. 힘들어서 선택했어. 유학 생활도 힘들고, 독일어도 어렵고, 내년까지 학위 과정을 못 마칠까 봐 무섭기도 해서. 그럴 때마다 가장 자신 있는 곡을 연주하면 위안이 되더라. 사실 〈마왕〉은 내가 어려워한 곡이었어. 시간은 배신하지 않더라. 언젠가는 하게 되고, 또 잘하게 되더라. 그래서 연주할 때마다 이렇게 생각해. 나도 잘하는 게 있어. 이렇게."

그날 친구는 나에게 〈마왕〉을 다시 들려주었다. 나는 한참을 울었다.

그도 나처럼 어려운 시간을 보내고 있었다. 아시아인으로 버텨내는 해외의 삶이 쉽진 않았을 텐데. 어쩌면 누군가와 동등하게 주어진 시간에서 우리는 외국어를 쓰며 유독 알레그로(Allegro) 혹은 프레스토(Presto)에 맞춰 살았는지도 모른다. 그게 메트로놈이 알려 주는 정박자라고 생각했을지도.

전혀 다른 모국어를 쓰는 우리는, 서로의 모국어가

외국어인 우리는, 그날만큼은 음악이라는 공용어가 감사한 날이었다. 그날 우리는 우리의 외국어로 또 음악이라는 공용어로 그렇게 서로를 이해했다. 우리에게 마왕의 속삭임이 들린 날이었다.

그걸로 충분하다

콜롬비아 작가 안드레스 솔라노가 한국에 머무는 사계절의 이야기를 담은 『한국에 삽니다』를 읽었다. 유난히 한 에피소드가 눈에 들어왔다. 작가는 타고 가던 버스가 고장이 난 일화를 꺼냈다. 검은 연기가 들어오는 차에 승객들이 한 명씩 한 명씩 순서를 지키며 내리는 그 장면이 인상 깊었다고 했다. 외국이었으면 소란스러울 상황이었을 텐데 한국 사람들은 이상하리만큼 침착하다고 덧붙였다.

무엇보다 작가는 그 순간에 승객들이 내리면서 한 명, 한 명 교통카드를 찍고 내리는 장면이 그야말로 충격적이었다고 했다. 그 장면에 붙일 형용사를 찾지 못했다는 작가의 말에 어김없이 나도 그런 일화들이 떠올랐다. 붙일 형용사를 찾지 못하는 그런 순간들이.

드레스덴(Dresden)에서 외국인 혐오가 심해지며 목요일마다 '외국인 추방 집회'가 열렸다. 베를린에 살던 나는 물리적 거리로 직접적인 피해는 면했다. 그럼에도 목요일에는 혹시 모를 상황에 외출을 삼갔다. 목요일은 마치 외국인에게는 심판의 날과도 같았다. 그날이 아니어도 도서관에서 늦게까지 공부하는 날에는 조심스러웠다. 한 번의 사건을 겪은 이후에는 더더욱 그랬다.

독일 친구는 나의 사정을 알았던 터라, 늦은 밤 도서관을 나서는 길에 동행했다. 같은 지하철을 타고 학교를 벗어났다. 하루는 친구가 아르바이트 일정이 변경되어 일찍 도서관에서 나갔고, 나는 한 시간 뒤 도서관을 나섰다. 비가 온 날이어서 평소보다 더 어둑해진 길을 서둘러 지나가고 있었다. 그때 다섯 명의 남성들이 다가왔다. 알지 못하는 욕설을 퍼붓고 조롱하기 시작했다. 둘러싸여 맞아 죽을 수도 있겠단 공포가 느껴지자, 갑자기 나도 모르게 웃음이 새어 나왔다. 바보 같기도 하고 미친 여자 같기도 한 웃음소리에 다섯 명의 남성들은 침을 뱉곤 사라졌다. 벌벌 떨리는 다리가 한 발짝도 움직여지지 않자 그 자리에 주저앉았다. 그제야 눈물이 났다.

그날 저녁 친구에게 전화를 걸어 울었다. 친구는 자

신이 일찍 나서서 그런 일이 일어났다며 몹시 미안해했다. 그 마음에 나는 더 서럽게 울었고, 친구에게 이렇게 말했다.

"schwierig. schwieriges schwierig.(힘들어, 힘들고도 힘들다.)"

사실 내가 친구에게 건넨 나의 감정은 독일어로 틀린 말이다. 'schwierig(슈비리히)'는 '어려운', '힘든'이란 뜻을 지닌 형용사다. 형용사 앞에는 보통 부사를 붙인다. '너무 힘들다'를 표현하려면 부사 'zu(쭈, 너무)'나 'so(조, 매우)'를 쓴다. 형용사 두 개를 연달아 쓰는 표현이 없지만, 나는 나의 감정이 그렇게밖에 표현이 안 될 것 같았다. 친구는 나의 틀린 표현을 이해했다. 그리고 내가 겪는 인종차별을 늘 그들 대신 사과를 했고 이렇게 말했다.

"Bohyun. Tut mir sehr leid. Es ist schwieriges schwierig. oder?(보현, 내가 미안해. 정말 힘들고도 힘들다. 그치?)"

마땅한 형용사를 찾기 어려운 상황은 많았다. 즐거

운 일에도, 황당한 일에도, 어려운 상황에도, 억울한 일에도 막상 붙일 형용사가 없는 경우가 있다. 그럴 때마다 내가 모국어로 느끼는 감정을 외국어로 바꿔 표현하기도 했다. 아마 나만 이해할 것이다. 그럼 어떤가. 내가 만든 엉터리 외국어를 찰떡같이 이해해 주는 친구 한 명이 있으니. Es ist genug.(그걸로 충분하다.)[*]

---

[*] 클라우스 보베라이트(Klaus Wowereit)는 베를린 시장을 두 번 연임했다. 그는 동성애자였고, 보수 언론 공격에 이 한 문장만 언급했다. "Es ist genug." 그걸로 충분하다.

중국에서 만난 북한 사람, 독일에서 만난 북한 사람

동북공정이 크게 논의되던 시점에 학교에서 역사 탐방팀을 꾸렸다. 소식을 듣자마자 신청했다. 운 좋게도 마지막 팀원으로 합류하는 행운을 얻었다. 학교와 정부 지원을 받아 2주간 중국 단동으로 입국해서 백두산까지 등반하는 일정이었다. 마지막 일정인 백두산 등반은 중국인 가이드의 도움을 받아야 했다. 중국 정부가 예민한 시기였기에, 학생들끼리 올라가는 것은 쉽지 않았다. 올라가는 버스 안에서도 두 차례 신분증과 비자 검사를 받았다.

가이드는 우리가 백두산 정상에서 지켜야 할 것들도 알려 주었다. 중국 공안이 감시하고 있는 경우가 많으니 '여기는 한국 땅이야'라는 말은 삼가고, 경비를 서고 있는 북한 군인에게도 절대 말을 걸면 안 된다고 했다. 올라가는 동안 가이드는 백두산 천지를 보는 것은 자주 오는 본인도 힘든 일이라고 말했다. 가이드는 설명 중에 백 번 와야 두 번 볼 수 있는 것이 천지라,

사람들이 '백두산'이라고 부른다는 농담도 건넸다.

 운이 따르지 않았다. 백두산은 우리에게 천지를 내어 주지 않았다. 고작 한 번 방문한 우리들에게는 감히 보여주지 않겠다는 뜻 같았다. 안개가 자욱해서 우리가 백두산 정상에 있다는 사실도 알아채기 어려울 정도였다. 학교 단체 티셔츠를 입은 우리는 안개 속에서 단체 사진만 남겼다. 그때였다. 뒤이어 올라오던 중국 사람들이 소리를 치기 시작했다. 안개가 바람을 따라 사라지고 있었다. 천지가 신비스럽게 드러나기 시작했고, 우리 모두는 탄성을 질렀다.

 나는 들고 간 폴라로이드를 꺼내 천지를 찍었다. 바로 출력이 된 사진을 흔들면서 인화되길 바랐지만, 뿌연 상태 그대로였다. 다시 흔들었지만, 천지의 모습은 사진에 나오지 않았다. 그때 반대편 북한 군인과 눈이 마주쳤다. 그는 한 손을 왼쪽 가슴에 올리고 두 번 쳤다. 나는 알아듣지 못했다. 내가 잘못 보았을 거라 생각하며 돌아서려니 무슨 뜻인지 살짝 알 것 같았다. 들고 있는 사진을 가슴 쪽에 올려두고 체온으로 녹여 보았다. 천지가 나타났다. 다시 북한 군인을 쳐다보니 나에게 살짝 웃어 보였다. 나는 사진을 흔들어 보였다. 차마 말을 걸진 못했다.

독일 대학원 입학을 일주일 앞두고 입국을 했다. 모든 게 낯설었다. 학생증(독일에서는 학생증에 교통권이 포함되어 있어 버스, 지하철, 트람, 기차를 무료로 이용할 수 있다)을 받기 전이라, 기차표를 끊어 다녀야만 했다. 간단할 것만 같던 기차표 사는 일로 여러 번 애를 먹었다. 매표기 화면 속 영국 국기 버튼을 눌러 독일어를 영어로 바꾸고 나서야 겨우 표를 살 수 있었다.

한번은 영국 국기 버튼이 작동을 하지 않았다. 화면을 꾹 눌러 보기도 하고 손가락에 입김을 불어 눌러보기도 했지만 영어로 변환되지 않았다. 주변을 돌아보며 도움을 청하려 해봤지만, 입이 떨어지지 않았다. 그때 뒤에서 누군가 물었다. 익숙한 말이면서 낯선 말이기도 한.

"남조선에서 왔습니까?"

고개를 끄덕였다. 그는 다가와서 익숙하게 독일어가 적힌 화면에서 표를 살 수 있도록 도와주었다. 그러고는 내가 감사하다는 말을 건네기도 전에 떠났다. 이후 학교에서 서너 번 그를 마주쳤다. "안녕하세요"라고 건네는 나의 인사에 그는 고개만 살짝 끄덕이며 지나갔다. 식당 아르바이트를 하면서 이 경험을 사장님에게 말했다. 사장님은 생각에 잠기더니, 이렇게 말했다.

"그 학생이 보현씨를 도와줄 때 크게 용기를 냈었겠네."

나는 그날의 익숙하면서도 낯선 그 말을 수십 번 되뇌었다. 용기를 내야 했던 그 말을.

가끔 백두산의 중국 영토에서 만난 북한 군인을 떠올리거나, 독일의 북한 학생을 떠올리며 묻는다. 우린 같은 모어를 쓰는 사람이었겠지?

손은 입보다 정확하다

연구소 친구들의 소개로 독일에서 남편을 만났다. 한 번은 베를린으로 남편이 왔고, 그다음은 슈투트가르트로 내가 갔다. 비행기로는 한 시간 이십 분, 기차로는 열한 시간 걸리는 그 거리를 사랑이라는 이유만으로 거뜬히 왕복했다. 서로의 흠을 볼 새도 없이 만남의 시간을 늘 짧았고, 기다림은 또 길었다. 나는 그렇다고 생각했다. 어느 날 남편이 말했다.

"보현아, 손 좀 움직이지 마."

말을 하면서 종종 손을 움직이는 내가 오래 거슬렸던 모양이었다. 그동안 나의 단점이라 여겼을 남편에게 화가 났다. 한 달에 한 번 겨우 만나면서 내 손만 봤단 말인가. 화가 났다.

"내 친구들은 다 손을 움직여."

남편도 짜증을 섞어 말했다.

"나는 외국 학회장에서 한 번도 너처럼 손을 움직이는 사람을 본 적이 없어. 손을 아예 안 움직여. 말만 한다고. 물리학자들은 그렇게 점잖게 말한다고."

할 말이 많았다. 한 문장 한 문장 다 반박하고 싶었다. 그날은 열한 시간이나 기차를 타고 남편을 만나러 간 거였다. 서운하고 섭섭하고 심지어 억울하기까지 했지만 더 이상 길거리에서 싸우고 싶지 않았다. 그날 이후로 남편을 만날 때면 손을 움직이지 않으려 애썼다. 커피잔을 감싸거나, 청바지에 두 손을 쏙 집어넣었다. 지금은 아예 손을 움직이지 않는다. 하지만 나는 남편의 그 말을 잊지 않았다. 나는 기회를 노렸다.

독일에 도착해서 독일어 공부를 하면서 처음 선택한 방법은 '영어-독일어' 번역이었다. 영독사전을 들고 다니면서 어휘를 찾았다. 비슷한 단어가 많았고, 스펠링까지 같은 어휘들은 쉽게 익혀 나갈 수 있었다. '우유'는 영어로 'Milk', 독일어로 'Milch'. '정보, Information'은 인포메이션(영어), 인포마티온(독일어). 독음만 달랐다. 대화를 하다가 독일어 단어를 떠올리지 못하면 영어 단어로 대신했고, 친구들은 다 알아들었다. 아주 편한 방식이라 생각했다. 그런 안이한 생각과 태도로 친구에게 크게 상처를 준 적이 있다.

같은 과 친구 E는 고등학교 때부터 길러 온 머리카락을 묶고 다녔다. 긴 머리카락은 늘 허리까지 내려왔다. 하루는 친구가 귀 위까지 바짝 머리카락을 자르고 학교에 나타났다. 그의 파격적인 등장에 모두 놀란 눈치였지만, 잘 어울린다며 번갈아 칭찬했다. 나도 짧은 머리가 한층 돋보인다며 엄지까지 세우며 거들었다. 친구 E는 쑥스러워했다. 짧은 머리는 편하지만, 오래 머리를 묶고 다녀서 가르마를 내는 게 어렵다고 했다. 그때 나는 E에게 조언을 전하려고 영독사전을 뒤졌다. 머리를 자주 빗으면 가르마가 금방 자리를 잡는다고 말하고 싶었다. 그래서, 'brush'를 찾았고 친구에게 말했다.

"E, wasche deine Haare jeden Tag!"

그 자리는 갑자기 조용해졌다. E는 얼굴을 붉혔고, 다른 친구들은 나를 쳐다봤다. 단어를 잘못 전달해서 실수를 한 것 같았다. 사전을 펼쳐 보여주자 친구들은 그제야 웃으며 나에게 설명해 주었다.

나는 E에게 "머리 좀 매일 감아!"라고 말한 것이었다. brush. 영독사전으로 찾으면 'waschen(셋다)'이 나오고 뒤이어 'kämmen(빗다)'이 나온다. 나는 첫 뜻만 보고 그대로 사용을 하면서 친구에게 무안한 조언을 건넨 것이었다.

"Es tut mir sehr leid. kämme deine Haare jeden Tag.(정말 미안해. 머리를 매일 빗으면 돼.)"

그날 친구들은 하루 종일 나를 놀려댔다. 웃는 친구들에게 물었다. 내가 만약에 말을 하며 제스처를 사용했다면 달라졌을지가 궁금했다. 친구들은 그것도 좋은 방법이라고 했다. 손으로 머리를 빗는 시늉을 덧붙였으면 오해하지 않았을지도 모른다고 했다.

그때까지 나는 늘 어색한 손은 팔짱을 끼거나 가방 끈을 잡거나 주머니에 넣은 채 대화를 했었다. 아마 그날 이후로 나는 가볍게 손을 움직이며 말을 했고, 가끔은 두세 마디보다 제스처 하나가 더 뚜렷하게 의견을 전달한다는 것을 깨달았다. 외국어가 부족한 사람들에게는 제스처가 오해를 만들지 않는 또 하나의 좋은 팁이라는 생각도 들었다.

자, 내가 손을 쓸 수밖에 없었던 이유를 알겠지? 그리고 법학도들에게는 제스처가 상대를 배려하는 또 하나의 언어일 수도 있어. 단어 하나에도 오해가 생기는 걸 우리는 알거든. 물리학자들은 모르겠지만!

당길 것인가 밀 것인가

문을 열 때마다 잠시 헷갈리기도 한다. 어떤 식당은 잡아당기며 들어오라 하고, 또 다른 식당은 밀면서 오라 한다. 그때 '당기세요', '미세요'가 적혀 있으면 조금 더 수월하다. 독일에도 대부분의 상점 문에 쓰여 있다.

'ziehen(찌헨, 당기세요).'
'drücken(드뤼켄, 미세요).'

처음에는 이 두 단어가 쉽게 익혀지지 않았다. 잠시 문 앞에 손잡이를 잡고 멈춰 서 있어도 내 뒤로 줄지어 사람들이 기다리게 된다. 그 짧은 순간에 고작 두 개의 문항에서 한 가지 답을 고르는 것이 무척이나 어려운 일이었다. 당기느냐 미느냐.

나름의 방법을 찾았다. 소리를 내어 그 단어를 익히는 것이다. '많이'라는 단어를 설명할 때, '많~~이' 길게 소리는 내는 것처럼. 혹은 '조금'이라는 단어를 설명할 때, '쪼금' 짧게 잘라 소리를 내는 것처럼 단어에 리듬과 박자를 넣었다. 문을 당길 때는 'zie~~hen(찌~~헨)'이라고 음절 사이를 길게 소리를 내었다. 문을 밀 때는 'ddrück!(뜨룩!)' 앞 음절을 된소리로 살짝 강하게 소리 내었다.

소리 내며 익히다 보니, 마치 단어가 문을 길게 잡아당기는 것 같기도 하고 가끔은 문을 힘껏 미는 것 같았다. 문을 열면서 상점을 들어설 때는 속으로 '찌~헨, 그래 당~겨!'를 읊조렸다. 다시 나올 때면 문을 손바닥을 밀면서 '뜨룩! 그래 밀어!' 했다. 속으로 소리를 내며 뱉는 단어들 덕분에 뒷사람에게 피해 주는 일이 없어졌다고 생각했다.

하루는 앞사람이 문을 밀면서 나가고 있었다. 뒤이어 나도 문을 밀기 위해 다가서자, 이미 문을 잡고 내가 나오길 기다리고 있었다. 고마운 일이었다. 'Dankeschön(당케쉔, 감사합니다)'을 전하려는 순간, 그는 나보다 먼저 'Bitteschön(비테쉔, 천만에요)'을 말했다. '감사하다'는 말을 하기도 전에, '천만에요'를 듣는 것이 여간 어색한 일이 아니었다.

독일에서는 상대방에게 호의를 베풀 때나 배려를 하

는 자리에서 상대가 감사하다 하기 전에 'Bitteschön'을 먼저 말한다. 식당에서 식사가 나오는 자리에서 웨이터는 '천만에요. 맛있게 드세요', 상점에서 계산원이 잔돈을 거슬러 주면서 '천만에요. 잘 가요', 행인이 문을 잡아 주면서 '천만에요. 좋은 하루 되세요.' 모두 감사하다는 말을 하기도 전에 듣는 말이다.

문을 잡아 주는 것. 상대를 위한 3초의 배려를 하루에도 몇 번씩 마주할 때도 있었다. 그때마다 듣는 'Bitteschön'은 언젠가부터 많은 의미로 다가왔다. 이미 독일 사람들이 습관처럼 자연스럽게 하는 말 같지만, 문을 잡아 주는 것은 습관 이상의 의미를 갖는다. 문을 잡아 주면 상대에게 고맙다는 말을 듣게 되는 건 당연하다. 그 당연한 상황에서 잡아 주는 이는 이미 괜찮다고, 이 정도의 배려는 우리 사이에 특별하지 않다고 이야기하는 건 아닐까. 일상처럼 들리는 그 말이 한국에서는 듣기 어려운 말이라 아쉬울 때가 많다.

문을 열고 닫을 때마다 소리를 붙인 'ziehen'과 'drücken' 두 단어는 꽤 오래 지나서야 내 것이 되었다. 그사이에 소리를 붙이지 않아도 그저 외워지는 'Bitteschön' 한 단어를 덤으로 배웠다. 문을 열고 닫는 것이 중요한 것이 아니라, 누군가를 위해 문을 잡고 기다려 주는 것과 그사이에 주고받는 단어 하나의 힘을 배웠다. 어느새 'Bitteschön'이라는 독일어를 입으로 직접 건네면서 나도 모르게 독일의 배려를 주고받고 있었다. 외워지지 않는 두 단어를 소리까지 붙여 가며 외웠지만, 부러 외우려 하지 않은 한 단어가 더 쉽게 또 깊이 다가왔다.

 누군가의 몸짓과 소리를 보고 들으면서 익히는 단어의 힘이 더 강한 걸까. 뜻에만 집중한 단어보다 상대방이 나에게 건네고 나도 그에게 건네는 관계를 담은 단어가 훨씬 가볍게 또 무겁게 내 것이 된다.

독일어가 전라도 사투리로 들릴 때

가끔은 외국어가 한국어로 들릴 때가 있다. WG. 'Wohngemeinschaft(본게마인샤프트)'를 줄여 쓰는 말이다. 쉐어하우스를 뜻한다. 독음으로는 '베게'다. 보통 유학생들이 초창기에 집을 구할 때면 월세 부담이 적은 WG(베게)를 찾는다. 한 집에서 학생 서너 명이 모여 사는 것은 독일에서는 흔한 주거 형태다.

국립연구소에 연구원으로 독일 생활을 시작한 남편도 처음에 집을 구하며 애를 먹었다고 했다. 그때 연구소 한인 모임에서 그 고민을 털어놓자 한 학생이 "박사님, WG(베게)를 구해 보세요"라고 말했단다. 남편은 집에 가는 내내, 한국에서 들고 온 베개가 있는데, 왜 또 베개를 구하라고 하는지 한동안 알지 못했다고 했다.

나는 외국어를 한국어로 착각해서 들으면서 위로를 받은 적이 있다. J 교수님은 학생들 사이에서 인기가 많았다. 나도 교수님을 좋아했다. 교수님 강의는 늘 많은 학생들이 수강했고, 강의가 끝나고도 교수님은 학생들에 둘러싸여 강의실에서 바로 나가지 못했다.

J 교수님은 본인만의 독특한 대답법을 갖고 있었다. 가끔 친구들은 교수님의 대답을 흉내 내기도 했다. 오롯이 교수님에 대한 애정에서였다. 교수님은 학생들의 질문과 이유를 경청하고는 특유의 어휘로 말을 이어갔다. 바로, "gerne, gerne".

gerne. '기꺼이', '물론'이란 뜻이고, '게아네'로 읽는다. 보통 독일에서는 상대방의 말에 동의하거나 공감할 때 쓰이는 표현이다. 나는 이 단어를 '개안해'로 들었다. 전라도 사투리다. 전라도에서는 '괜찮아', '아무렇지 않다'를 뜻한다. 부모님이 나에게 자주 하는 말, '개안해'로 들렸다.

유학 초기 시절에는 동전을 모아 한국에 전화를 걸었다. 부모님의 안부를 묻는 나에게 늘 하는 말은 '개안해'였다. 사법고시를 포기하고 유학 온 미안함을 비치면 그 역시 늘 '개안해'라는 말을 남겼다. 항상 당신들은 잘 지내고 있다고, 그러니 너도 아무 걱정 말고 지금처럼만 열심히 하라는 말은 '개안해' 이 말 하나면 되었다.

교수님은 보통 한 번 쓰는 이 단어를 연달아 두 번 이어서 쓰는 습관을 지니고 있었다. "gerne, gerne." 나는 그 말을 '괜찮아. 괜찮아'로 들으면서 더 큰 위로처럼 받아들였다. 외국어가 한국어로 들리는 착각은 그리 나쁘지 않다. 그때만큼은 굳이 외국어로 수정하고 싶지도 않다.

나에게는 좋은, 너에게는 싫은 단어

대학원 동기가 독일에 여행 온 한국인과 인연을 맺어 결혼을 했다. 독일어가 서툴러서 베를린 정착을 힘들어하자, 동기는 나에게 와이프를 소개시켜 주었다. 한국인 친구가 생기면 나아질 거란 동기의 바람이었다. 동기가 바라던 대로 나는 그와 친구가 되었다. 각자 다른 이유로 베를린에 살고 있었지만, 한국어를 나눌 수 있는 유일한 상대로 늘 공감하는 지점이 비슷하거나 같은 경우가 많았다. 하지만 우리는 좋아하는 구석이 비슷했음에도 단 한 가지 단어를 두고는 서로 다른 의견을 좁히느라 말이 길어지곤 했다. 바로 'Doch!'

'Doch'의 사용법은 이러하다. 먼저는 '도흐'처럼 발음될 것 같으나, 듣다 보면 '덕'에 가깝다는 것을 알게 된다. 사전적 뜻은 '그렇지만, 하지만, 그럼에도 불구하고'다. 때로는 '그럼, 물론'으로 쓰이기도 한다. 무엇보다 가장 많이 쓰이는 상황은 부정을 부정할 때다. 상대방이 부정을 묻거나 말하면, 그 부정을 다시 부정하는 것.

"나는 요리를 잘 못해."

"Doch!(아니야, 너 잘해.)"

"내가 그때 잘못한 거지?"

"Doch!(아니야, 너는 그때 잘못하지 않았어. 잘했어.)"

나는 이렇게 사용되는 'Doch'에 익숙했고, 부정을 부정함으로써 주는 긍정적 메시지에 힘을 받을 때도 있었다. 내가 친구들에게 자신 없는 소리를 하면 바로 듣는 대답은 늘 확신에 찬 'Doch!'였다. 단 한 마디의 Doch!는 뒤이어 생략된 말에 '아니야, 보현아 넌 잘하고 있어'를 담고 있었다. 나는 그 한 단어에게 응원을 받고 있었다.

친구는 독일인 남편과 결혼해서 가장 듣기 싫은 단어가 'Doch'라고 했다. 그들은 구글 번역으로 메일을 주고받으며 연애를 했다. 그 불편함마저도 그저 낭만적이기만 했던 커플은 결혼 후 의사소통에 큰 문제를 겪고 있었다. 대학원 수업이 끝나고 돌아가는 길에 동기는 자주 그런 고민을 털어놓았다. '와이프가 오해하는 부분이 단지 언어 때문만일까?' 나에게 종종 물었다. 주말에 나를 만나러 오는 친구 역시 '독일인 남편과 사는 건 독일어로 하루 종일 고문 당하는 일이야'라고 했다. 친구의 입장에서는 나와 다르게 들리는 'Doch'도 그들이 겪는 문제 중 하나였다.

"나는 독일에 적응을 못하고 있어."

"Doch!(아니야, 넌 잘하고 있어.)"

"아니야. 나는 지금 언어와 문화 차이로 문제를 겪고 있어."

"Doch!(아니야. 넌 그렇지 않아. 잘하고 있어.)"

"아니야. 난 지금 너무 힘들어. 못하고 있다고."

"Doch! Doch!(아니야! 아니야! 넌 잘하고 있어.)"

결국 이어지는 대화 속에 친구는 남편에게 이렇게 소리쳤다고 했다.

"떡떡! 그만 좀 해. 나는 떡 싫어해. 체한 기억이 있어."

늦은 밤 친구는 집을 나와 나에게 전화를 걸었다. 그 상황을 듣고는 그동안 친구가 받아들인 'Doch'가 왜 그리도 불편한 단어인지 알게 되었다. 마지막엔 억지 같은 이유를 대며 남편에게 소리 지른 사실에 안쓰러움이 느껴졌다. 국제 커플로 누군가는 부러워하는 환경에 서 있는 친구였지만, 사랑만으로 모든 것이 감춰지거나 해결되는 것은 아니었다. 홀로 싸워야 할 언어와 문화 차이 문제도 있었고 남편이 한국행을 선택하지 않는다면 평생을 독일에서 살아야 하는 상황도 받아들여야 했다.

그런 그가 타국에서 유일한 자신의 편인 사람에게 어려움을 토로할 때마다 듣는 'Doch'는 어쩌면 강압과 강요처럼 느껴졌을 것이다. '어렵다고, 힘들다고, 잘못되었다고' 말하는 그에게 '아니라고, 잘하고 있다고, 괜찮다고' 대답하는 건 내가 느꼈던 응원과는 전혀 다른 것이었다. 때론 부정적인 감정을 표현하는 사람에게 그 부정을 부정함으로써 던지는 위로가 긍정의 힘이 아니라 독이 될 수 있다는 것. 친구는 그 한 단어에서 외로움을 포함한 수만 가지 감정을 느꼈을 것이다. 앞으로 잘해야 하고. 다음에는 더 괜찮아져야 하고. 또 그래야만 하는 감정의 강요는 그야말로 고문이었을 테니. 그와 남편 사이에는 언어로 생긴 오해만큼이나 미래에 대한 부담감이 존재했던 건 아니었을까.

친구 커플은 여전히 잘 지내고 있다. 친구는 어학원을 다니며 독일어를 익혀 갔고, 내 동기는 주말 한글학교를 다니며 한국어를 배웠다. 떡이 싫어서 집을 나간 친구의 에피소드를 우리는 만날 때마다 꺼내 함께 웃는다. 그렇게 웃을 때마다 서로 바라보는 친구 커플이 참 사랑스럽다. 나에게는 힘을 주는 단어가 누군가에게는 그토록 아픈 단어였다니. 그 커플을 만나 함께 웃으며 나는 힘을 받는다. 그 순간 아무도 아프지 않다는 사실에 무척이나 감사하면서 말이다.

Everything is NOT okay

한국의 식당에서 주문을 하려니 키오스크가 눈에 들어온다. 이제는 키오스크를 이용해서 주문을 하며 선택사항을 여러 가지로 변경할 수 있다. 커피 한 잔 시킬 때도 얼음과 물의 양을 조절하고 우유와 설탕을 넣을지 뺄지 각자의 취향대로 주문이 가능하다. 음료뿐만 아니라 음식을 원하는 맛으로 주문할 수도 있다. 어려운 일이 아니다. 커스터마이징(customizing) 서비스. 좋아하는 건 넣고, 싫은 건 빼면 된다.

커스터마이징의 대표격인 서브웨이는 미국에 머물 때부터 애정하는 샌드위치 가게다. 빵부터 속 재료, 소스 그리고 추가 디저트 메뉴까지 다 내가 원하는 대로 넣을 수 있다. 빵은 호밀로 하고, 길이는 15센티미터로 하고, 속 재료는 다 넣되 매운 할라피뇨는 뺀다. 소스는 약속이 있는 날이면 마요네즈로 하고, 약속이 없다면 어니언으로 한다. 추가로 쿠키 대신에 감자칩을 해서 먹는다. 남편과 시간을 맞춰 다운타운에서 만나서 먹기도 하고, 동료와 고민 없이 점심시간에 찾기도 하는 가게였다.

한번은 내 앞에 주문하는 외국인을 유심히 보게 되었다. 영어가 익숙하지 않은 그는 점원이 속 재료를 묻는 질문에 서너 번을 되묻고 있었다. 결국 그는 이렇게 말했다.

"Everything!(모두 다 주세요!)"

샌드위치를 받아 든 그는 테이블에서 몇 가지 채소를 덜어내고 있었다. 아마도 먹지 못하는 속 재료가 있었을 텐데, 언어 문제 앞에서 그 한 마디로 그 상황을 넘어가 버린 것이다. 나는 그가 낯설지 않았다. 나도 한 마디로 그렇게 넘어가던 때가 있었다.

독일에서는 길거리 음식으로 'Currywurst(커리부어스트, 소시지에 커리 소스를 뿌려 먹는 베를린 음식)'가 유명하다. 그만큼 인기 있는 메뉴가 'Dönner(되너, 케밥이라 불리기도 한다)'다. 터키식이지만 독일에서 더 유명하다는 말이 있을 정도로 독일 길거리 음식 가운데 대표 메뉴로 통한다. 이웃으로 지내다 친구가 된 M은 '되너'와

관련된 재밌는 독일 유머도 알려 주었다.

"Dönnerstag(되너스탁)."

목요일을 독일어로 'Donnerstag(도너스탁)'이라 한다. 움라우트(Umraut, ä ö ü, 독일어의 모음)를 붙여서 '되너의 날(Dönnerstag, 되너스탁)'로 바꿔 불렀다. 친구 M과는 목요일에 종종 만나 되너를 먹었다. 그를 만나기 전에는 되너를 제대로 먹어 본 적이 없었다. 되너 역시 서브웨이 샌드위치처럼 커스터마이징이었다. 넣는 고기를 양고기로 할지, 닭고기로 할지 정해야 했고 추가되는 속 재료도 수십 가지였다. 소스도 보통 여섯 가지 종류로 이름도 길었다. 독일어가 서툴던 때에 양고기와 닭고기 중에 하나는 자신 있게 고를 수 있었지만, 속 재료와 소스에서는 무너지고 말았다. 결국 내가 선택한 것은 이 한 마디였다.

"Alles!(알레스, '모두 다'라는 뜻. 영어로는 'everything')"

나는 받아 든 되너에서 먹을 수 없는 매운 속 재료를 빼냈다. 소스도 이 맛 저 맛 섞여 있었다. 가끔은 서글픈 생각도 들었다. 먹지 말아야겠단 생각도 했다.

친구 M은 나의 이야기를 듣고는 아주 유용한 독일어를 알려 주었다. 바로 'ohne(오네, '~을 빼고'라는 뜻)'. 여러 단어나 긴 표현이 필요한 게 아니라고 했다. Alles 뒤에 ohne를 붙이면 못 먹는 매운 향신료와 속 재료를 뺄 수 있었다. 어려운 향신료 이름을 외울 필요는 없다. 손가락으로 가리키면 된다.

그 간단한 한 단어를 알기 전까지는 그저 그 상황을 넘어가기 위해 한 단어를 썼다. 한 단어에 단 하나의 단어를 더 붙이자 내가 먹고 싶은 음식을 먹을 수 있었다. 식당 점원의 긴 질문을 다 못 알아들어도 된다. 딱 두 단어에 손가락 하나면 천하무적이다.

지금은 웃으며 말하는 이 일화는 사실 외국어를 쓰며 사는 삶을 나타내는 제법 커다란 비유다. 괜찮지 않은 상황에서 이방인들은 곧잘 'okay'라는 단어 하나로 넘어가곤 한다. 지나치게 'yes'란 말도 자주 쓴다. 상대가 무슨 말을 하는지 알아듣지 못하는 상황에서 'yes'나 'okay'로 얼렁뚱땅 상황을 마무리 짓는다. 그중 단 하나만 필요할 때에도 결국 'Everything'이란 단어를 써버릴 때도 있다. '모르겠어요. 그냥 다 주세요.' 손해를 보면서도 그 단어 하나를 대체할 다른 언어를 찾는 것이 힘들다.

때론 모국어로 슬프고 괴롭고 애달프고 외롭다고 토해 내면서도 외국어로는 'Everything is okay'로 스스로의 감정을 정리해서 끝내 버린다. 모든 것이 어찌 다 좋을 수 있을까. 다 좋다며 이방인들이 뱉는 그 말은 이따금 아주 슬픈 말이다.

"Everything is NOT okay."

베를린 사투리가 내게 알려 준 것

'포도시'는 '포도씨'가 아니다. '겨우', '가까스로', '다행히'를 뜻하는 전라도 사투리다. '커피를 태워 준다'는 경상도에서 온 대학 동기에게, 전라도에서 온 나는 '포도시'를 알려 주었다. 지방에서 온 우리는 서울에서 만나 서로의 사투리로 장난을 치며 친해졌다. 사투리는 지방 고유의 색을 나타내면서 서로 다른 지역에 대한 이해를 담기도 한다.

나는 전라도에서 학창 시절을 보냈고 본적 역시 전라도 땅끝마을이다. 나에게 사투리는 뿌리와 역사를 담는다. 그럼에도 사투리를 애증처럼 여기며 살 때도 있었다. 대학교 1학년 때 과 엠티에서 술에 취한 선배는 내 앞에 서서 이렇게 말했다.

"오메. 오일팔. 오메. 니가 오일팔이냐."

그 자리에 있는 모두가 웃었다. 나는 쓴웃음을 짓

고 자리에서 일어났다. 그날이 있기 전에도 상경한 내 입에서 툭 튀어나오는 사투리로 놀림을 당한 적도 있었다. '의자'를 '으자'로 발음하는 나를 놀리는 동기들에게 간혹 서운하기도 했지만 미움이 생긴 적은 없었다. 지나가는 장난이기도 했고 그저 사투리에 대한 흥미로움이었다. 하지만 지역차별을 담거나 정치색을 드러내며 다른 지역 사람들이 흉내 내는 전라도 사투리는 늘 불쾌했다. 언젠가부터 사투리는 한 지역의 언어가 아니라, 한 지역을 향한 혐오였다. 나 역시도 얼른 서울말로 억양이며 발음을 바꾸려고 노력했다. 혐오의 대상이 되기 싫었다. 사투리만 버리면 될 것 같았다.

독일의 수도 베를린에서는 '베를린 사투리'를 쓴다. 보통 수도에서 쓰는 언어가 그 국가의 표준어가 되겠지만, 독일에서는 달랐다. 베를린이 아닌 하노버(Hannover)가 더욱 표준어에 가깝다.

베를린 사투리를 배운 것은 어학원에서였다. 베를린 토박이인 어학원 강사는 수업의 마지막엔 사투리를 하나씩 알려 주었다. 배운 사투리를 학교에서 사용한 적은 없었다. 대신 주말에 아르바이트를 하는 식당에서 한 번씩 베를린 사투리를 썼다. 손님들의 반응이 너무나 즐거웠기 때문이다. 독일어가 서툴렀지만, 그런 상황에 한 번씩 쓰는 사투리는 어색한 순간을 금세 변화시켰다. 그렇게 낯선 곳에서 사투리에 대한 오랜 나의 오해를 조금씩 풀어 내고 있었다.

  베를린의 상징인 'Currywurst(커리부어스트)'를 먹을 때면 'Pommes(포메스, 감자튀김)'도 함께 주문한다. 소시지와 감자튀김의 조합은 의외로 훌륭하다. 감자튀김을 시키면 묻는다. '케첩 줄까요? 마요네즈 줄까요?' 처음에는 케첩이 익숙했지만 점차 마요네즈의 맛을 알게 되었다. 하지만 느끼한 마요네즈를 먹을 때면 시큼한 케첩이 아쉬워지기도 했다. 얼마 뒤에 케첩과 마요네즈 둘 다 주문해서 먹는 사람을 보았다. 둘 중 하나만 선택해 먹는 걸로만 알았는데 아니었다. 모두 먹을 수 있다는 팁을 놓칠 순 없었다. 이후로는 '케첩과 마요네즈 둘 다 주세요'라고 주문을 했다.
  한번은 점심에 맞춰 함께 간 친구가 '단어 하나로' 능숙하게 케첩과 마요네즈를 주문하는 것을 들었다. 친구에게 그 단어를 물었다. 바로 'Schranke(슈랑케)'. '차단기', '장벽'이라는 뜻이다. 흰색과 빨간색으로 그려진 차단기. 케첩과 마요네즈의 색이 비슷하기 때문이다. 그 이후로 긴 한 문장 대신에 'Schranke'로 주문했다. 그때마다 커리부어스트를 건네는 식당 주인의 표정에서 희미한 웃음을 보았다. 그리고 하루는 엄지를 치켜세우며 비장하게 덧붙인 한 마디도 들었다.

"Berlinerin!(베를린 사람이네!)"

베를린의 상징인 커리부어스트는 1947년이냐 1949년이냐 기원 연도를 두고 여전히 논쟁을 이어가고 있다. 둘 중에 어느 해에 커리부어스트가 태어났던지 간에 2차 세계대전 종전 후라는 것은 분명하다. 먹고살기 힘들었던 시기에 미군에게 받았던 케첩과 커리로 탄생한 음식이라는 점에서 많은 이들이 인정하는 듯하다. 커리부어스트는 길거리 음식의 대명사이지만, 역사의 사연을 지닌 기초 식량이기도 한 것이었다.

베를린은 종전 후 4대국에 의한 싸움의 흔적을 지닌 도시다. 음식도 고스란히 그 흔적들을 닮아 있다. 베를린에서 커리부어스트를 먹는 것은 베를린 사람들에게는 조금은 애잔한 일이다. 그리고 그 음식에 곁들이는 케첩과 마요네즈를 차단기 혹은 장벽이라 뜻하는 '슈랑케'라고 불러 주는 것도 의미를 더하는 일인 것이다. 베를린 사람들만 알고 부르는 말. 그게 바로 베를린 사투리다.

부끄럽게도 아주 오래 나는 내 고향의 말을 미워했다. '사투리'라는 단어에도 정감보다는 촌스럽고 교양 없다며 반감을 가졌다. 사투리에 담긴 차별에 분노했다. 그 사실에 분노하기보다는 내가 그 차별의 대상이 될 수도 있다는 억울함에 대한 격분이었다. 항의할 생각은 없었고 그저 나만 아니길 바라며 피하는 방법을 썼다. 비겁했다.

외국어가 나에게 사투리의 의미를 알려 주었다. 모국어로는 배울 수 없었던 깊은 오해와 앙금이 외국어로 풀린 것이다. 전라도 사투리는 경상도 사람들과 주고받을 수 있는 가벼운 농담이 될 수 있다. '포도시'와 '커피를 태워 준다'의 언어의 맞교환 유머 같은.

사투리는 대체 불가한 감정을 표현하기도 한다. 김영랑 시인의 「오메 단풍 들겄네」에서 '오메'는 그 어떤 말보다 특별하다. 다가오는 가을에 대한 기대 찬 감탄은 다른 단어로 바꿀 수 없다. '어머나 가을이 오겠구나.' 영 느낌이 살지 않는다.

선배가 썼던 '오메'는 그렇게 쓰는 게 아니다. '오메'는 시대의 한을 담기도 한다. 죽은 몸으로 충장로 바닥에 누워 있는 아들을 붙잡고 우는 엄마의 입에서 나오는 '오메'를 그렇게 함부로 해석해서는 안 되는 것처럼.

  나에게는 모국어도 모어도 한국어다. 그리고 전라도 사투리에 깊은 뿌리를 두고 있다. 그 뿌리를 어느 날 외국어가 나에게 알려 주었다.

나의 말이 이울고, 우리의 말이 돋는 시간

영수가 등교를 합니다

미국의 작은 도시에서 3년을 살았다. 인구가 2만 명도 되지 않았고 주민 대다수가 연구소에 적을 두고 있었다. 짐을 풀면서 이 소도시에는 한국인이 백여 명 살고 있다는 걸 알게 되었다.

호텔 로비에서 방으로 전화가 걸려 왔다. 한국 사람들이 나를 찾는다는 호텔 직원에 말에 조금 놀랐다. 이어 들려오는 한국말 역시 어색했다. 갑자기 모르는 한국인으로부터의 '내려오세요'라는 한 마디를 듣고 로비로 향했다. 세 명의 한국 사람들이 기다리고 있었다. 나와 같은 입장의 사람들이었다. 연구원 학술 비자(J-1)를 받은 남편의 동반인으로 따라온 이들. 내가 오는 것을 어떻게 알았는지, 이 호텔에 묵는 걸 어떻게 알았는지. 그걸 따질 필요는 없었다. 나는 누가 봐도 한국인처럼 생겼고, 아침마다 스타벅스에서 에스프레소와 물 한 잔을 시키는 폼 역시 이제 막 미국에 도착한 사람처럼 보였을 테니깐.

나는 그들처럼 미국의 소도시에 사는 연구원 남편을 둔 한국 여성이 되었다. 남편의 출근을 돕고 커피 한 잔을 하고 있으면 종종 연락을 받았다. 김밥을 말았으니 점심에 먹으러 오라는 약속이 잡혔다. 어느 날엔 돈가스를 튀겼다고 오라 했고, 또 다른 날엔 깍두기가 익었다고 함께 먹자 했다. 나도 한국에서 보내온 택배 안에 든 된장과 참기름을 보면 그들을 먼저 떠올렸다. 우리는 음식을 나누며 속 이야기도 나누는 사이가 되었다. 저마다의 사정과 사연을 품고 사는 그들은 공통적으로 한 가지 문제로 크게 속앓이를 하고 있었다. 바로 영어, 언어 문제였다.

그들은 하루아침에 남편이 선택한 미국행 비행기에 동반자 자격으로 올라탔을 것이다. 물론 타국에 대한 로망 역시 지닌 채로. 우리와 달리 내 아이는 넓은 세상에서 자랄 것이다. 더 큰 기회를 갖게 될 아이의 미래가 오직 모든 것인 양 받아들이기도 한다.

처음에는 미국을 선택한 남편에게 고마움을 느끼기도 한다. 그러나 그 미래를 보기도 전에 많은 이들이 좌절하고 남몰래 울면서 귀국을 기다린다. 늘 언어 문제가 그들을 힘들게 했다. 한국에선 사사롭던 인터넷 설치, 아이 병원 데려가기, 보험 상담 등이 느닷없이 큰 문제가 되었다. 언어 문제였다. 연구로 바쁜 남편을 대신해서 척척 해내 오던 그들은 미국에서는 아무것도 할 수 없는 사람이 되곤 한다. 늘 넓은 수납공간에 가장 잘 보이게 둔 것이 바로 한국행 짐을 담을 캐리어라는 것은 결코 낯선 광경이 아니다. 영어로 문제를 겪을 때마다 집집마다 한국행 캐리어는 채워졌다.

어느 날 커피를 마시고 있는데, 떡을 구운 집이 있으니 오라는 연락을 받았다. 한국에서 받은 냉동 떡을 먹기 좋게 구워 준 아이 엄마는 그날따라 많이 힘들어 보였다. 곧 귀국을 앞두고 있는 그였다. 오래 기다리던 귀국이었을 텐데 망설이는 모습이었다. 다름 아닌 아이의 상황 때문이었다.

세 돌 전에 미국에 들어온 아이는 열 살이 되어 다시 한국으로 돌아가게 되었다. 영어가 한국어보다 훨씬 편한 아이를 보며 주변에선 말했다. "그걸로 됐다. 잘됐다. 한국에 가도 영어를 잊진 않겠다." 한국인들 사이에서는 가장 큰 위로의 말이었다. 짧은 기간 어설프게 영어를 하면 한국으로 돌아가 금세 잊어버릴 거라는 말은 한국 가정들에게는 가장 큰 악담과도 같았다. 아이의 외국어는 타국 생활의 보상이나 마찬가지였기에.

그날 떡을 구운 아이 엄마는 또 다른 문제로 마음고생을 하고 있었다. 이제는 영어가 아닌 한국어의 문제를 마주하고 있었다. 한국행을 준비하면서 가장 신경을 쓴 부분이 아이의 학교 문제였다. 귀국을 하면 아이는 바로 학교에 다녀야 했고, 많이 놓친 한국 교과 과정을 미리 챙겨 둬야 했다. 저녁마다 아이를 책상에 앉혀 두고 한국에서 받은 초등 교과서를 펼쳤다. 한번은 아이에게 한 문장을 읽어 주었다. 따라 읽으라는 뜻이었다.

"영수가 등교를 합니다. 자, 한번 읽어 보자."

아이는 곧바로 따라 하지 않았다. 아마 '등교'라는 단어가 아이에게 어려웠을 것이다. 그래서 아이에게 물었다.

"모르는 단어가 있니?"

"응. 엄마, 영수가 뭐예요?"

그날 그는 교과서를 덮고 안방에 가서 남편을 붙잡고 울었다고 했다. 그의 이야기를 듣는 우리의 표정에도 이미 두려움과 슬픔이 함께 담겼다. 어디에서부터 시작해야 할까. 외국어로 버텨낸 아이가 다시 모국어 세상에서 살아내야 하는 것이 얼마나 힘들까. 우린 말하지 않아도 알았다. 남 일이 아니었다. 그날 아마 헤어져 돌아간 집에서 영어로 TV를 보고 있는 아이의 뒷모습에서 멀지 않은 미래를 서늘하게 짐작했을 것이다.

가끔은 이중언어에 대한 잔인한 진실을 볼 때가 있다. 사실 두 언어를 모두 능숙하게 해야 하는 것이 이중언어이지만. 해외에서 만나는 이중언어 사례는 그리 친절한 얼굴이 아니다. 균형 있게 두 언어를 몸 안에 자리를 잡게 하는 이도 있지만, 한 언어에 치중되어 다른 한 언어가 형편없는 경우도 많다. 특히 부모가 언어를 하나만 쓰는 경우가 그렇다. 아이는 부모의 언어를 쓰다가 곧 또래의 언어를 배운다. 또래의 언어가 더 지배적인 경우가 많다. 부모는 아이가 사회에서 배운 언어가 곧 아이의 성적과 연결되기에 부모의 언어를 강요하지 않는다. 그렇게 부모가 모국어를 내려놓고 아이를 외국어의 세계로 보낸다. 하지만 아이는 부모의 바람처럼 스스로 모국어의 세상으로 돌아오지 않는다.

20대에 떠난 외국어의 세계는 몹시도 힘들었다. 내가 아는 모든 모국어를 외국어로 바꾸는 것은 불가능했기에, 늘 대체할 외국어 단어를 찾느라 문장은 길어지고 간혹 오해를 살 만큼 짧아지기도 했다. 그럴 때마다 내가 일찍 유학을 왔더라면, 어린 나이에 모험이든 도전이든 해봤더라면 내 해외 생활이 외국어로부터 조금은 자유로워졌을까. 종종 짐작해 보았다. 미국에서 만난 한국 가정을 보면서, 나의 그 바람이 얼마나 철없이 가벼운 것인지 깨달았다. 간혹 아이의 조기 유학을 묻는 부모들과 이민을 고민하는 가족들에게 나는 이 이야기를 꺼내어 문장 하나를 들려준다.

"영수가 등교를 합니다."

Mama가 아닌 엄마

소설 『파친코』를 쓴 이민진 작가는 하버드 대학교의 강연장에서 눈물을 흘린다. 좀 전에 한 한국 유학생이 질문을 했기 때문이다. 한국에서 미국으로 오기까지 엄마 없이 유학은 불가능했다고. 거대한 유학비와 등록금은 온전히 엄마의 희생으로부터 온 것이라고. 이제는 엄마에게 이 모든 것을 갚고 싶다고. 감사의 말을 어떻게 전해야 할지 모르겠으니 도와 달라는 말이었다. 숙연해진 강연장에서 저자의 눈물은 사람들의 마음을 더욱 가라앉혔다. 나는 그 강연을 영상으로 보다가 같이 훌쩍였다.

조해진 소설 『단순한 진심』, 캐시 박 홍의 『마이너 필링스』 그리고 미셸 자우너의 『H마트에서 울다』는 최근 몇 년 나온 책들 가운데 특히 주목을 받았다. 『단순한 진심』은 프랑스 가정에서 자란 한국 입양아를 다뤘다. 『마이너 필링스』는 재미 교포 2세의 삶을 보여준다. 마지막으로 『H마트에서 울다』는 미국인 아버지와 한국인 어머니 사이에 태어나 미국에서 살아가고 있는 싱어송라이터의 이야기다.

나에게 이 세 권은 공통적으로 '엄마'와 '엄마의 언어(모어)'를 풀어 주는 것 같았다. 다른 언어의 세계에 살아도 '엄마'가 다른 언어로 대체할 수 없는 이유는 '나의 언어'가 아니라 '엄마의 언어'를 앞서 존중하기 때문일까. 아니면 '엄마의 언어'가 곧 '나의 언어'라는 것을 당연하게 마음으로 받아들여서일까.

독일과 미국에서 다양한 한인 가정과 인연을 맺었다. 대부분 짧게는 1년, 길게는 10년을 두고 이주를 해온 경우였다. 아빠의 직장 근무지가 독일이나 미국이면 가족은 동반 비자를 받고 함께 오는 경우가 많다(아시아로 발령지가 정해지면 일부 가정은 아빠 홀로 출국한다). 독일에 오는 가정의 경우는 아이를 독일 현지 학교에 보내지 않고 영어를 쓰는 국제학교에 보낸다. 아이가 한국에 돌아가면, 독일어보다는 영어가 더 도움될 거란 생각에서다. 미국의 경우는 공립학교를 보내기도 하지만, 여유가 된다면 사립학교 보내는 걸 선호한다. 사립학교의 프로그램이 한국 사교육과 더 가깝기 때문이다. 대부분의 가정은 한국에 돌아갈 아이라는 점을 염두에 두고 학교를 선택한다. 그리고 적지 않은 가정이 한국어 교육은 체크리스트에 넣지 않는다.

아이는 모국어보다 편한 외국어, 즉 영어를 사용한다. 엄마는 아이가 듣든지 말든지 한국어로 소통하려 한다. 아이는 흘려듣는다. 아이가 버릇없이 행동하면 엄마는 한국어로 꾸짖는다. 아이는 또 흘려듣거나 때로는 처음부터 이해하려 하지 않는다. 엄마가 화를 내고 소리 높이면 아이는 말한다.

"Mama! In English, please.(엄마, 영어로 말하세요.)"

한국인 단체 메신저방이나 커뮤니티 게시판에 자주 올라오는 엄마의 억장 무너지는 내용이다. 당시 아이가 없던 나에게는 이 상황들이 충격이었다. 오히려 엄마들은 잠시 화를 낼 뿐 곧 평온해졌다. '일상이지 뭐', 하며 넘겼다. '그래도 영어라도 하니 다행이지 뭐'라 말하며 다른 가정을 위로하고 본인 가정에 위안 삼았다.

해외 입양인들은 '엄마의 언어'를 배우려 한다. '엄마의 언어'가 '나의 언어'라는 생각도 함께 지닌다. '엄마의 언어'를 배우는 이유는 엄마를 만나 원망을 쏟아내기 위해서가 아니라고 했다. 어쩔 수 없이 나를 버릴 수밖에 없었던 그 순간을 오히려 위로하고 싶다 했다. 이왕이면 '엄마의 언어'로.

 한국인 부모가 나를 데리고 낯선 땅에서 평생을 일하는 동안 아이는 그 모든 환경과 가정의 분위기를 '엄마의 언어'로 듣고 받아들인다. 그 안의 힘든 것들, 아프고 쓰라린 것들 모두 '엄마의 언어'로 기억한다. 그리고 타국에서 가족들은 그때마다 '엄마의 언어'로 서로를 보듬는다. 미국인 아버지와 한국인 어머니 사이에서 거친 사춘기를 겪은 아이는 시간이 지나 '엄마의 언어'로 엄마에게 사과를 전한다. 엄마가 자신보다 먼저 세상을 떠났을 때, 'Mama'가 아닌 '엄마'라고 부르며 그리워한다.

 하버드 강연장에서 이민진 작가에게 물었던 학생은 지금쯤 엄마에게 전화를 걸어 감사를 전했을 것이다. 분명 '엄마의 언어'로 전했을 것이다. 무척 조심스럽다. 그렇지만 이렇게 글을 빌린다. 아이에게 '엄마의 언어'를 알려주길 간절히 바란다. 아이가 가족의 희로애락을 모두 '엄마의 언어'로 기억할 수 있도록. 때론 가족이 서로를 보듬고 편들고 위로해야 할 때 '엄마의 언어'가 필요한 법이다. 엄마를 그리워할 때 'Mama'가 아니라 '엄마'라고 부를 수 있도록. 조심스럽지만 아끼고 싶진 않은 생각이다.

한국어가 무기가 될 때

　인도 문학의 거장 쿠시완트 싱 소설 『델리』를 옮긴 황보석 번역가는 조심스러우면서도 대담한 서문을 남겼다. 유려한 문체로 역사와 문화를 담은 인도 문학이 우리나라에서 사랑받지 못하고 사장되는 이유를 언급한다. 한국 독자들의 사대주의적 경향이라 한다. 비단 문학에서만 보이는 사대주의가 아니다.

　언어도 마찬가지다. 영어유치원이 동네마다 생기더니, 이제는 5세도 늦다며 3세부터 영어 놀이학교를 보낸다는 동네 엄마들의 이야기를 들었다. 말이 서툰 아이가 제법 긴 한글 단어를 말하면 놀라지 않으면서 아이가 'yes'를 말할 때 부모는 물개박수를 친다는 일화도 어깨너머로 들었다. 냉장고, 서랍장에 붙이는 낱말 카드는 영어와 한글이 동시에 쓰여 있고, 같은 여행비면 아시아 국가보다는 괌이나 하와이를 선택한단다. 초등학교 입학 전에 아이에게 그림책 몇 백 권 읽어 주기 도전을 하면서 선정된 책들이 모두 영문판이라는 것도 이제는 자주 들어 크게 놀라운 일도 아니다.

조금은 자극적인 이런 서두를 꺼내는 이유는, 잠시 한국어의 편이 되어 주고 싶은 마음이 오래전부터 들었기 때문이다. 아주 가까운 가족도 아이를 영어유치원에 보내면서 아이에게 필수적인 교육 과정이라 했다. 반대로 아이를 영어유치원에 보내지 않는 건 부모의 경제적 무능력을 입증하는 것과 같다는 말을 들었다. 영어 교육에 열을 내는 한국의 목소리를 종종 들었지만, 더 나아가 이제는 부모의 경제력과 연결되는 불편한 양극화를 보곤 한다. 아이들도 자신을 영어유치원에 보내주는 부모와 그렇지 않은 다른 부모님을 비교한다는 이야기는 아주 껄끄럽기까지 하다.

영어가 더 넓은 세상을 보는 도구로 쓰이고 있는 건 맞지만, 한국어가 이렇게까지 영어의 뒷전으로 밀려나야 하는 걸까. 빈부 격차와 부모의 경제력, 중산층 계급을 재단하는 기준으로 영어가 그리 중시되어야 하는 걸까. 외국에서 공부하고 일하다 온 남편과 내가 가장 많이 듣는 질문들도 이러하다.

"영어는 몇 살 때부터 하셨나요?"
"영어는 유학 전부터 능숙한 상태였나요?"

"영어 못하면 절대 미국에서, 유럽에서 못 살겠죠?"
"아이에게 영어로 얘기하나요?"
"영어유치원 당연히 보내실 거죠?"

물론, 독일어를 몸으로 20대에 부딪히면서 조금 일찍 유학을 왔더라면, 부모님이 중·고등학교 때 나를 독일에 보내주었다면 달라졌을까 생각해 본 적도 있다. 아마 언어적인 부분에서는 20대 때 받아들이는 것보다 조금 더 수월했을지 모르겠다. 하지만 중등교육 과정의 한국어는 성장하지 못했을 것이다. 어디까지나 외국어는 모국어가 아니다. 외국어는 모국어의 기초로 세워진다. 모국어로 알고 있는 학습, 학술 언어가 바탕이 되어야 아카데미 외국어도 받아들일 수 있다.

스위스에서 만난 polyglot(다중언어 구사자) 친구들과 대화를 나누면서 '모국어'와 '외국어' 관계를 자주 꺼낸다. polyglot은 bilingual을 포함한 multilingual과 다르다. 부모가 다른 언어를 쓰며 이중언어 환경에서 자란 경우는 multilingual이다. 또, 부모의 언어를 쓰면서 다른 국가에 살며 익히는 이중언어도 multilingual이다. polyglot의 경우는 스스로 학습을 통해 언어 습득을 하는 경우를 말한다. 모국어가 아닌 선택적 외국어를 배워서 자연스럽게 구사하는 사람을 뜻한다. polyglot 친구들은 모두 입을 모아서 말한다. 외국어의 기본은 모국어라고.

세계 최초의 동시통역사 헝가리인 롬브 커토의 『언어 공부』를 보면 polyglot으로서의 학습법을 들을 수 있다. 10개의 외국어를 어려움 없이 구사하고 추가로 6개 언어를 배운 그녀의 노하우 역시 모국어인 헝가리어를 깊이 공부한 것이었다. 물리학과 화학을 전공했지만, 외국어의 매력에 빠져 생전에 외국어 학습법에 관한 저서를 수차례 출간했다. 그의 책을 몇 권 소장하고 있는 나에게 그녀가 알려준 것은 결국은 '모국어의 활용'이었다. 그녀의 책에는 헝가리어를 이용해서 번역, 통역하는 경험담이 충분히 담겼다.

모든 언어는 기본 언어를 주춧돌로 두고 쌓여 간다고 한다. 그 기본 언어는 당연히 모국어다. 철학과 박사과정 선배가 점심을 먹으며 지나가는 말로 나에게 조언을 주었다.

"보현아, 철학과에서 한국어로 말 잘하는 애들이 독일어도 잘하더라."

나의 생각을 모국어로 논리적인 표현을 할 수 있는 연습이 되어 있어야 한다. 학과 공부를 하면서 처음에는 기초 독일어로 애를 먹었지만, 시간이 지날수록 어려워지는 토론 수업과 페이퍼 작성이 더 큰 부담이 되었다. 그때마다 한국어로 먼저 중얼거리며 머릿속으로 정리를 했다. 그리고 독일어로 스스로 통역하면서 바꾸다 보니, 독일어로 말하고자 하는 나의 생각이 깔끔해지고 튼튼한 모습을 갖추고 있음이 보였다. 그때는 한국어가 무기가 된다.

 한국에서 아이를 키우는 부모라면 영어 교육에 관심 갖는 건 당연하다. 나 역시 아이가 영어를 능숙하게 하길 바란다. 영어뿐만 아니라 어떤 외국어라도 흥미를 갖길 바란다. 외국어를 구사하면 시야도, 관점도, 관계도 넓어지는 걸 알기에 아이가 그 기회를 쥘 수 있길 나도 도울 생각이다. 모국어인 한국어가 가장 중요하다는 사실을 부모인 나도 잊지 않으려 노력할 것이다. 무엇보다 아이에게는 가족이 먼저다. 가족의 언어가 모국어 한국어라는 사실도 우선 챙겨 두면 어떨까. 분명 아이에게는 한국어를 무기로 쏠 날이 온다.

내 꿈은 polyglot

나이가 늘어가는 만큼 줄어드는 타인의 질문이 있다. 바로 "꿈이 뭐예요?"다. 언젠가부터 나에게 묻지 않는다. 꿈을 꾸기엔 이제 너무 늙어 버렸다는 뜻일까. 여전히 나에게는 꿈이 있다. polyglot. 다중언어 구사자. 많은 외국어를 배우고 싶다. 잘하고 싶다. 그러나 잘하지 못한다. 그래서 나는 오래 꿈을 꿀 수 있나 보다.

polyglot이 되는 팁 가운데 하나가 '많이 말하기'다. 입으로 뱉어내 보는 것이 가장 좋은 외국어 학습법이다. 누군가의 말을 따라 하거나(Shadowing 기법), 언어 파트너를 만나 연습을 하는 것(Tandem, 탄뎀)이 효과적이라고 한다.

나는 누군가의 말을 따라 하는 것이 어색하고 언제든 누군가를 불러내서 어설픈 나의 발음을 계속 들어달라고 부탁할 용기도 없다. 그래서 선택한 것이 '혼잣말'이었다. 산책할 때 이어폰으로 통화하는 척하면서 중얼거렸다. 이어폰 저 끝에 내 말을 들어주고 맞장구쳐 주는 누군가 있다고 생각하면 된다. 독일어를 연습하고 싶을 때면 교수님을 떠올린다. 교수님에게 쓰고 싶은 논문 주제를 설명하거나 졸업시켜 달라고 조르는 시늉을 한다. 가끔은 독일에서 항상 앞장서 내 편에 서던 친구에게 말을 띄운다. 네가 아니었으면 나는 많은 것들을 포기했을 거라고. 네가 유난히 보고 싶은 날에는 이렇게 산책길에 나서 본다고.

영어를 선택한 날이면 미국에 살고 있는 초등학교 친구를 그리워한다. 애는 잘 크는지, 남편이 운영하는 치과는 고객이 늘었는지 묻는다. 그러다 우리의 초등학교 추억을 꺼낸다. 그때 기억나니, 학교 앞 문방구에서 얼린 쿨피스를 나눠 먹던 날 말이야. 프랑스어를 해보고 싶은 날이면 리옹에서 우연히 만나 차 한 잔 나눈 사람을 불러낸다. 그때 마신 에스프레소는 정말 최고였다며. 다시 만나면 그날의 당신처럼 나도 멋지고 기똥찬 금테 선글라스를 끼고 만날 거라고.

혼잣말로 외국어를 중얼거리다 보면 늘 따라오는 감정이 있다. 그리움이다. 늘 혼잣말로 불러내는 것은 '그날'이 아니라 '그날의 그 사람'이다. 외국어를 많이 다룰 수 있는 polyglot이 되고 싶은 나의 꿈은 곧 사람인 것이다. 다루는 언어가 늘어 갈수록 나에게는 사람들이 생겼다. 나의 언어는 늘 사람에게 향했다. 그래서 포기할 수 없는 꿈이 되었나 보다. 그래서 계속 누군가 나에게 물어 줬으면 좋겠다. "꿈이 뭐예요?" 사람들을 기억해 낼 수 있도록. 친구들이 보고 싶은 날이면, 나는 또 걷는다. 이어폰 저편에 있을 친구에게 전화를 걸면서. 물론, 친구가 받을 수 없는 그리움 속 혼잣말이겠지만.

프랑스 철학 와인 모임

대학원 동기들은 라틴어와 프랑스어가 수준급이었다. 열 살부터 익힌 언어라고 했다. 독일에서는 보통 열 살에 상급학교 진학을 결정짓는다. 독일 교육에 로망을 둔 사람들은 이 과정에서 멈칫하고는 한다. 아직 진로를 정하기에 너무나 어린아이에게 직업학교를 갈 건지, 대학교를 갈 건지를 결정하게 하는 건 조금은 잔인해 보이기도 하다.

독일에서는 한 교사가 한 아이를 오래 교육한다. 수년간 지켜본 아이가 기술을 익히고 직업을 일찍 갖는 것이 좋을지 아니면 학업을 계속 이어갈 수 있는 대학교 진학이 옳을지를 판단한다. 대학원 동기들은 모두 열 살 때 결정된 상급학교를 거쳐 왔다. 상급학교인 김나지움(Gymnasium)으로 진학해서 아비투어(Abitur, 수능과 비슷한 대학 입시시험)를 보고 대학교에 입학한다.

김나지움은 부모들 사이에서 큰 이슈이기도 하다. 어느 대학을 보내서 어떤 전공을 갖게 하는 것 이전에,

어느 김나지움을 보내야 할까를 고심한다. 각각의 김나지움이 어떤 정치이념과 종교관을 지녔는지 살핀다. 그리고 특성화하고 있는 제2외국어를 눈여겨본다. 부모에게는 큰 과제와도 같다. 라틴어나 프랑스어를 가르치는 학교를 1순위로 두는 경우가 많다고 한다. 독일 부모는 더 많은 외국어가 필요하다는 사실을 아이에게 상급학교 결정과 같은 방식으로 알려 주고 있었다.

동기들은 열 살 때부터 익힌 라틴어나 프랑스어가 부러울 정도로 뛰어났다. 법학 공부를 이미 열 살 때 마음먹은 친구는 두 언어를 모국어만큼 잘했다. 나는 그들 사이에서 독일어도 못하고 있었으니, 라틴어와 프랑스어는 더 큰 벽처럼만 느껴졌다. 특히 국제법을 전공하는 나로서는 프랑스어는 피할 수 없는 언어였다. 한국어로 프랑스어를 배우는 것이 아니라, 독일어로 프랑스어를 배우는 것은 좀 더 번거롭다고 할까. 한국어를 바로 프랑스어로 떠올리는 것이 아니라, 독일어를 한국어로 바꾸고 다시 프랑스어로 생각해 내야 했다. 그야말로 과부하였다.

독일 정부에서 운영하는 시민학교에서 프랑스어를 배우면서 언어를 두 번 바꿔야 하는 과정에 지쳐 가고 있었다. 수차례 포기하려 했다. 그때 아르바이트를 했던 한인 식당 사장님을 떠올렸다. 금요일 저녁마다 와인을 마시면서 철학 공부를 한다고 했던 말이 생각나 연락을 드렸다. 곧 그 모임의 일원이 되었다.

 그 모임은 따로 이름을 갖고 있지는 않았다. 그러나 모두 '프랑스 철학 와인 모임'이라고 부르고 있었다. 독일 대학에서 철학과 연구교수로 오래 몸담은 한국인 리더의 지도로 꾸려지고 있었다. 모든 대화는 한국어였다. 하지만 모든 교재는 프랑스어 논문이었다.
 독일에서 한국인이 꾸린 프랑스 철학 모임은 이상하리만큼 신기하고 또 놀라웠다. 20대인 나를 빼고 모두 50대 이상이었다. 큰언니는 칠순 잔치를 일 년 전에 치렀다. 와인을 들고 의자에 기대어 얘기를 나누다가도 논문을 보려고 모두 돋보기를 꺼내 들었다. 독일어가 아닌 한국어로 프랑스어를 배우기 위해 참여한 모임이었지만, 그곳에서 프랑스어를 배운 적은 없다. 배울 수 없었다. 아니, 가르쳐 달라고 할 수 없었다. 누구도 프랑스어를 그곳에서 배우지 않았다. 단지 그곳에서는 철학만 배울 수 있었다. 그리고 프랑스어는 각자의 공간에서 스스로 익혔다.

 롤랑 바르트의 「구조주의적 행위란 무엇인가」를 살

펴본 날, 나는 논문 일부의 낭독을 맡았다. 버벅대는 나를 모두 배려 있게 기다려 주었다. 그러다 막히는 부분은 조용한 목소리로 고쳐 주었다. 낭독을 마치고 빨개진 얼굴로 고개를 들고 앞을 바라보자, 모두 박수 치며 나를 응원하고 있었다. 그 순간은 잊지 못한다.

그날 큰언니 선배님이 따라 주는 와인을 마시며 참으로 설렜다. 낭독을 무사히 마쳐서가 아니었다. '프랑스어를 할 수도 있겠구나'라는 생각이 들어서였다. 그때까지 나는 국제법 사례에서 프랑스 건을 자유롭게 살펴보는 동기들에게 큰 열등감을 느끼고 있었다. 집으로 돌아가는 길에 늪 같은 패배감에 빠져 이렇게 내뱉곤 했다.

'그래, 너희는 열 살 때부터 했잖아. 독일 교육 시스템 덕이잖아. 멀리 내다본 너희 부모님이 있어서잖아.'

그날 와인을 마시며 못난 자격지심은 털어내리라 마음먹었다. '외국어를 배우는 데 늦은 나이란 없다'는 걸 보여주는 산증인들이 따라 주는 와인을 마시며 생각했다.

커피 한 잔 시켜 보세요

'프랑스어는 읽는 것만 해도 절반은 한 것이다'라는 말이 있다. 읽기만 해도 잘한다는 뜻이 아니라, 읽는 것부터 어렵다는 뜻이다. 독일어를 배우면서 낑낑거렸다면, 프랑스어를 배울 때는 끙끙 앓았다. 읽는 것부터 어려운 과정을 '프랑스 철학 와인 모임'으로 조금씩 극복하면서 속도를 내고 있었다. 읽기에 재미가 붙기도 했다. 국제법 사례를 찾을 때 제목과 판례 조항 정도는 도움 없이 골라낼 수 있었다.

가끔 일 년간 일했던 한인 식당에 가면 사장님은 독일 주간신문 『디 자이트(Die Zeit)』를 모아 두었다가 나에게 주었다. 나는 그 신문의 도움을 크게 받았다. 세련된 독일 문장을 제법 쓸 수 있는 건 그 신문을 모아 두었다가 나에게 건네 사장님 덕분이기도 하다. 그 경험으로 프랑스 언론 『르몽드(Le Monde)』를 읽기 시작했다. 읽으면서 바로 해석할 순 없었지만, 스펠링 독음에 속도가 붙었고 신문 속 단어들이 눈에 들어왔다.

'프랑스어는 읽는 것만 해도 절반은 한 것이다'란 말을 믿었다. 그때까지 읽을 수만 있다면 프랑스어를 금방 익힐 거라 생각했다.

스위스 제네바에서 머물 때였다. 제네바는 UN을 포함한 국제기구가 모여 있는 곳이며 프랑스어를 사용한다. 스위스는 독일어, 프랑스어, 이탈리아어, 로망슈어 중에서 각각의 도시가 한 언어를 공용어로 선택해서 사용한다. 독일어를 공용어로 쓰는 도시들에 인접한 도시는 공용어로 프랑스어를 쓰기도 한다. 인접한 두 도시 사람들이 독일어와 프랑스어 모두 능통할 것 같지만, 착각이다.

제네바도 마찬가지였다. 인접한 도시들이 독일어를 쓰지만, 한가운데에서 제네바는 프랑스어를 채택해서 쓰고 있었다. 독일어가 조금은 도움이 될 것 같았지만, 제네바에서 독일어를 접한 적은 거의 없다. 그 몇 번의 독일어도 모두 독일인이 운영하는 식당에 가서 메뉴판을 볼 때뿐이었다.

제네바에서 짐을 푼 다음 날, 숙소 근처 스타벅스에 갔다. 출근길에 있는 그곳에는 직장인들이 아침부터 커피를 받으려고 줄을 서 있었다. 나도 그들과 함께 줄을 서서 주문 순서를 기다렸다. 내 차례가 되었을 때, 생각이 났다. '아, 나 프랑스어로 처음 주문해 보는구나.' 처음으로 프랑스어로 커피를 주문하는 순간이었다.

"Un Café, s′il vous plaît.(앙 까페 실부쁘레, 커피 한 잔 주세요.)"

그 한 문장 이후에 모든 일들이 기억나지 않는다. 나는 무척 당황했던 것 같고, 나만큼 점원도 당혹스러워 짜증이 났던 것 같고, 결국 영어로 주문을 마무리했을 테고, 점원은 마지막까지 나에게 프랑스어만 건넸던 것 같다. 결국 내가 받아 든 건 시럽이 가득 든 맛없는 온도의 커피였다.

아뿔싸. 정말 그 순간 감정은 딱 그것이었다. 철학 논문을 조금씩 읽어 나가고, 프랑스 신문을 읽으며 아는 단어들이 서서히 눈에 담긴 때였다. 읽는 것만 해도 프랑스어의 절반은 한 것이라는 말을 믿으며, 늘 읽는 것에 열을 내며 스스로에게 뿌듯해하고 있었다. 정작 '생활 프랑스어'가 전혀 되지 않는다는 걸 알았다. 너무 당연한 사실이지 않은가. 한국 사람들이 말하는 구구절절한 레퍼토리 변명 같은 것이다. '수능에서 영어 1등급. 토익 990점. 그런데 말하는 건 못해요.

한국 교육의 폐해죠.' 제네바에 도착해서야 알게 된 것이다. 커피 한 잔 원하는 대로 시키지 못하는 것. 나는 프랑스어를 전혀 못한다고 해야 했다.

외국어를 배울 때는 균형이 필요하다. 내가 배우는 학문을 원서로 공부하다 보면 쉽게 그 균형을 잃어버리는 경우가 있다. 소리 내서 읽고 어휘를 채워 가면서 혼자만의 착각을 하는 때가 있다. '이 정도면 외국어를 할 수 있다고 말할 수 있겠다.'

어느 때는 어려운 학문 용어를 나만 아는 것처럼 우쭐댈 때도 있다. 아는 어휘가 늘었다고 생각하며 어떤 상황에 내가 아는 단어를 넣어 보며 상상하기도 한다. 단어장을 절반 이상 외웠다고 생각하며 자신만만하기도 한다. 하지만 정작 나의 외국어를 모국어로 쓰는 그들은 간단하고 간편한 단어로 대화를 한다는 것이다. 그들은 블랑쇼, 푸코, 들뢰즈 논문 안에 들어 있는 단어들로 커피를 시키지 않는다.

돌이켜 보면, 독일에서도 나의 생활 언어를 늘려 준 것은 커피를 시키면서였다. 독일의 표준어와 사투리의 차이는 주문을 할 때도 달랐다. 유독 정중하게 가정법과 부사를 넣으면서 쓰는 표준어식 주문법들을 배웠다. '커피 한 잔 주세요' 대신에 '저는 기꺼이 이 한 잔의 커피를 받고 싶군요'라든지, 누군가에게 커피를 한 잔 사주고 싶을 때 '사다'나 '쏘다'라는 동사 대신에 '초대하다'라는 표현을 쓰는 것도 커피를 주문하면서 알았다. '내가 오늘 너를 초대할게'는 커피를 한 잔 사주겠다는 뜻이다.

한국에서 독일어 원서 이를테면 철학서, 과학이론서, 법학서만으로 독일어를 읽고 학문 용어를 몇백 개 안다고 한다면 나는 한 가지 미션을 제안할 것이다.
"커피 한 잔 시켜 보세요."
여전히 새로운 외국어를 배울 때마다 나에게도 건네시키는 말이기도 하다.

타인의 신발을 신어 보다

라디오를 켜거나 뉴스를 들으면 매일같이 들리던 장면 속 목소리가 있었다.

"Danke Merkel.(고마워요. 메르켈.)"

뮌헨을 통해 들어오는 난민들의 소리였다. 난민 100만 명을 수용하겠다는 메르켈은 독일 국민들의 지지 또한 넉넉히 받았다. 자신의 집도 난민들을 위한 거처로 내놓는 사람들도 있었고, 잇따른 모금도 시민들의 손길이 큰 비중을 차지했다.

그때 대학에서 난민을 위한 자원봉사 프로그램을 진행했다. 대학 교육을 원하는 난민 청년과 만났다. 어학원 등록부터 통역과 번역을 지원하며 독일에서 자립을 돕는 일이었다. 나도 자원자로 나섰다. 시리아에서 온 스무 살 청년의 멘토가 되었다.

주말을 이용해서 만나 한 주간 어학원에서 배운 독일어를 봐주기도 하고 대학 입학 원서 작성도 도와주었다. 한번은 밀린 일이 많아 식사를 거르고 그 청년을 만나러 갔다. 너무나 배가 고파서 들고 간 초코바 한 개를 꺼내 그에게 건넸다. 청년은 갑자기 정색을 하며 손사래를 쳤다. 민망할 정도였다. 땅콩 알레르기가 있는지 아니면 종교적으로 낯선 여자가 건네는 음식을 먹으면 안 되는 건지. 묻지 않았다. 어색하게 어학원 과제를 보여 달라며 화제를 돌렸다. 그는 눈치를 보며 조심스레 말했다.

"미안해. 나는 이제 초코바를 먹을 수 없어. 시리아에서 탈출해서 탄 보트 위에서 2주 동안 초코바만 먹었거든."

국경을 넘어 독일로 들어오기까지 많은 이들이 초코바를 먹었다는 것을 나는 들었을 것이다. 그 사실만 기억했을 뿐 그 안의 진실은 미처 생각하지 못했다. 초코바를 먹었다는 사실만 보았고, 초코바로 버텨 냈다는 진실을 느끼지 못했다. 그날 그에게 초코바를 건넨 게 아니라 큰 상처를 건드린 것이었다. 나의 무관심이 미안했고, 미안함마저 부끄러웠다.

대학에는 이란에서 온 유학생들이 많았다. 연구소

홈페이지에서도 이란에서 온 스텝 명단을 쉽게 확인할 수 있었고, 학회에서 만나는 이란 유학생들도 눈에 띄었다.

한번은 이란 학생과 밥을 먹은 적이 있었다. 그때 건넨 나의 몇 마디는 그에게 무례함을 남겼다. 나는 교양 수업으로 들은 아랍어를 몇 문장 외우고 있었고, 그 문장 몇 개를 의기양양하게 꺼낸 것이었다. 그는 인상을 찌푸리며 말했다.

"저기. 이란은 아랍어가 아니라 페르시아어를 써."

전혀 다른 언어를 쓰는 국가를 근접하다는 이유와 비슷한 문자를 쓴다는 것만으로 묶어서 생각한 것이다. 무지함도 역시 부끄러움이다. 그날의 부끄러움은 여전하다.

미국 도서관에서 일자리를 얻었다. 국제도서부에서 영어를 제외한 타언어권의 책을 주문, 관리하는 일이 주된 업무였다. 나는 운이 좋아 뽑히기도 했지만, 무엇보다 아시아인으로 영어, 독일어, 프랑스어를 할 수 있다는 특이점으로 그 기회를 얻었다.

하루는 출근해서 책상 위의 커다란 상자를 보았다.

일본어와 중국어권 책이 가득 든 상자에 내 이름이 적혀 있었다. 동료에게 무슨 상자인지 물었더니 이렇게 대답했다.

"넌 아시아인이니깐, 알 거 아니야. 일본, 중국에서 온 책이야. 네가 분류해야 해."

종종 서양 사람들은 중국어, 일본어 그리고 한국어가 모두 같은 문자를 쓰고 어원이 같다고 오해한다. 독일어(Deutsch)와 네덜란드어(Dutch)를 쓰는 사람들도 억울할 것만 같다. 비슷한 어휘와 구조로 대충 알아듣는다고 생각하는 이들이 많다. 독일, 네덜란드 두 국가의 사람들은 '안녕하세요'와 같은 10초간의 의사소통은 가능하지만, 그 이상은 불가능하다고 한다.

사실, 비슷한 언어는 있어도 같은 언어는 없다. 비슷한 생김새처럼 보일지라도 똑같은 언어를 쓰지도 않는다. 나라가 서로 인접했다고, 머리카락과 얼굴색이 비슷하다고 같은 언어로 묶어 대할 때마다 먼저 드는 생각은 불쾌감이었다.

나 역시도 불쾌감과 상처를 상대에게 주기도 했다. 무관심과 무지함이 가끔은 상대를 겨누는 무서운 무기 같다고 느낀다. '무관심과 무지 둘 중에 누가 더 악일까?'란 주제로 학과 토론을 한 적도 있다. 당시에는 '무관심'은 의도한 것이기에 무지보다 더 악한 행위라고 목소리를 높였다. 이제는 '무지'도 '무관심' 못지않은 그릇됨이라고 주장할 것이다. '무지'도 의도를 동반한다. 알지 못하는 것은 알려고 하지 않은 행동과 크게 다르지 않다.

모국어를 떠나 살아가는 곳에서는 나와 다른 사람들을 더 많이 만나는 것 같지만, 사실 나와 비슷한 사람을 더 많이 만나는 걸지도 모른다. 그런 의미에선 이미 타인의 신발을 신어 본 것과 마찬가지다.

타인의 신발을 신어 보았다는 경험만큼이나, 타인의 감정과 상황을 진심으로 이해하는 태도가 중요하다. 타인의 신발을 신은 채 타인의 시선으로 무엇을 보았는지 기억해야 한다. 타인의 신발 위에서 느껴 본 타인의 감정에 동할 줄 알아야 한다. 더불어 타인의 신발에 담긴 지식도 갖추어야 하는 건 아닐까. 타인의 신발을 신어 본다는 것은 그토록 진중함을 요하는 것이다.

독일어 방언이 터진 날

성서에는 '방언이 터진다'라는 말이 있다. 신이 인간에게 성령을 내리면서 큰 축복의 능력을 준다고 한다. 그중 하나가 바로 방언의 능력이다. 언어가 전혀 다른 지방과 나라에서 신의 뜻을 전하는 선교사들은 방언이 터지길 간절히 간구했다고 한다. 종교가 없이 free-thinker(종교적 자유사상가)에 가까운 나에게는 그 이야기는 마치 신화처럼 느껴졌다. 어떻게 외국어가 그토록 쉽게 터질 수 있을까. 기적과도 같은 일에는 불신이 앞섰다.

중국에 대학교 주최 프로그램으로 탐방을 갔을 때, 요동대학교 한국어과 학생들과 식사를 했다. 통역 없이는 대화가 어려웠고 영어로도 한계가 있었다. 헤어지면 다시 못 만날 걸 알았기에 우린 모두 몇 마디가 간절했다. 그때 생각해 낸 것이 바로 '필담'이었다. 법학도에게 한자가 하나의 장기가 될 수 있다는 걸 그날 알았다. 말하고자 하는 것을 한자로 적어 내면 중국 친구들이 찰떡같이 알아들었다. 모두 한 장의 메모지와 연필 한 자루를 쥐고 있는 내 손에 눈을 모았다. 그 순간 나는 구글 번역기보다 더 나았다. 심지어 그려 내지 않았는가.

미국에서 마을 커뮤니티 활동으로 배드민턴을 선택했다. 배드민턴 클럽은 한국인 2명, 미국인 1명, 인도인 4명 그리고 중국인 93명으로 이루어졌다. 보통 복식조로 게임을 진행했는데, 네 명이 20분 정도 한 경기를 치르는 것이었다. 인도인 네 명은 세트장에 함께 들어가 경기를 진행했다. 미국인은 어느 게임에나 자연스럽게 끼었다. 나를 포함한 다른 한국인 한 명과 한 팀으로 가끔 게임에 끼기도 했지만, 우리 중에 한 명이 결석하는 날에는 짝없이 코트 밖에 앉아 있어야만 했다. 나는 그 한국인 박사님에게 크게 의지했다. 헤어질 때면, "박사님, 내일도 꼭 나오셔야 해요. 제발요"라고 인사했다. 하지만 한국인 박사님은 무릎 부상으로 더 이상 클럽 활동을 할 수 없었다. 나는 짝을 잃었고, 코트에 설 기회도 잃었다.

가끔은 코트 밖에서 열심히 점수를 세어 준 덕에

한 번씩 중국인 팀에 끼어 경기도 했다. 게임을 하면서 알았다. 왜 그들이 나를 한 코트에 세워 주는 게 어려운 일인지. 그들은 경기를 진행하는 내내 중국어로 대화했다. 내가 끼면 중국어로 대화하는 데 눈치를 본다. 연구원들이 클럽에 오기도 했지만, 대부분은 연구원들의 가족들이 참여했다. 클럽이 열리는 날은 중국 이웃들이 조우하는 날과도 같았다. 서로 반찬을 나누고 소식도 전하는 모습을 종종 보았다. 이 클럽은 중국 사람들에게는 운동 모임 이상의 의미였다. 나는 그 중국인의 커뮤니티에 껴 있는 아주 불편한 외국인이었다.

한국인 박사님의 무릎이 빨리 낫길 바라면서도 한편으로 다른 한국인 파트너를 찾아다녔다. 마을에서는 배드민턴을 취미 삼는 한국 가정이 없었다. 대부분 골프나 피트니스를 즐겼다. 결국 선택한 방법은 나도 중국어를 배우는 일이었다. 도서관 1층 게시판에 가끔 학생을 찾는 중국어와 스페인어 튜터의 광고글이 있었다. 중국인 튜터에게 메일을 보내 한 시간에 15불 개인 교습을 받기 시작했다. 과외의 목적은 하나였다. 배드민턴 경기 때 사용할 중국어.

배드민턴 클럽이 있는 날이면, 나는 튜터에게 배운 중국어를 사용했다. 처음에는 한 경기 껴줄 수 없는지, 셔틀콕이 선을 넘었는지, 경기 용어만 중국어로 사용했다. 몇 달이 지나자 나의 감정도 중국어로 꺼낼 줄 알게 되었다. 힘들었다는 둥 아쉽다는 둥 즐거웠다는 둥. 그러면서 나도 모르게 중국어를 자연스럽게 딱 맞아떨어지는 순간에 내뱉었다. 그야말로 기적이었다. 방언이 터진다는 건 축복이다. 그 축복은 간절한 자에게만 주어지는 건 아닐까. 그만큼 간절했으니깐. 간절하면 늘 내가 모르는 영역의 힘을 받는 건 아닐런지.

 돌이켜 생각해 보면, 나는 늘 외국어는 간절함 속에 키워 나갔던 것 같다. 독일어를 성장시킨 것도 누구보다도 간절한 순간에 직면해서였다.
 옆방 학생들이 내 이름으로 가입한 인터넷 서버로 음악 수백 곡과 영화 수십 편을 불법 다운로드했고 또 업로드했다. 그 학생들은 합의금 6,500만 원에 겁먹어 야반도주했다. 그 모든 것을 고스란히 내 앞에 남겨두고 간 셈이었다. 학교 측과 교수님, 친구들의 도움으로 변호사를 선임했다. 그 과정에서 나는 억울한 피의자이자 불쌍한 피해자였다. 울다가 쓰러지기를 몇 번. 그럼에도 살아남기 위해 사건의 처음과 끝을 홀로 짊어지고 풀어 냈다. 수천 유로를 지불하면서 억울함을 풀기 위해 변호사를 만났다. 상담실에 들어서는 순간부터 나는 눈물을 흘리며 하소연하기 시작했다.

한번은 또 변호사실 문이 열리자마자 눈물을 뚝뚝 흘리며 들어갔다. 어느 날처럼 나의 상황을 설명하고, 그동안 진전된 소식은 없는지 물으려는 순간 울음을 꿀꺽 삼키게 되었다.

방언 터졌다!

그날 내가 독일어가 트였음을 알았다. 황당한 사건을 해결하며 누구보다 간절하다 못해 절실했다. 가끔 외국어 공부 비법을 질문 받는다. 노력과 오랜 경험으로 독일어가 늘었다고 말했다. 누구보다 열심히 독일어 공부를 했다고. 자는 시간을 쪼개가며 단어를 외우고 문법을 익혔다고. 자면서도 독일어를 중얼거렸다고. 눈 뜨자마자 라디오를 켜서 하루 종일 독일어를 달고 살았다고.

사실은 조금 다르다. 절박함 때문이자 덕분이었다. 기적에 대한 불신은 사라졌다. 기적은 누구에게나 열려 있다는 것. 간절함이 그 열쇠라는 것. 숨겨 온 나의 비밀스러운 외국어 성장법을 공개하는 이유이기도 하다.

아이가 한자를 배웠으면 좋겠다

언젠가는 다시 이방인의 삶을 살지도 모른다. 내가 본 세상을 아이에게도 보여주고 싶다. 지금 해외로 나가더래도 아이를 그 나라의 보육기관이든 교육기관이든 당장 보낼 생각은 없다. 아마 일 년은 내 옆에 머물게 하고 싶다. 모국어로 아이와 대화를 나누면서 아이가 외국어의 세계로 들어갈 준비를 하게 하고 싶어서다. 아이가 타국이 주는 느낌을 먼저는 모국어로 받아들였으면 한다. 그 느낌을 아이가 나에게 모국어로 나눠 주면 좋겠다. 아이가 느끼는 모든 모국어의 감정에 나 역시 모국어로 답해 주고 감쌀 것이다.

나의 모국어에는 한자도 포함되어 있다는 사실이 때로는 감사하다. 아이가 배우는 모국어에도 꼭 한자가 들어가 있으면 한다. 아이의 감정이 모두 순한글로만 표현될 수는 없을 것 같다. 조금 더 생각의 폭을 확장할 수 있는 언어로 한자를 지지한다.

물론 순한글을 쓰자는 운동에도 부분적으로 응원을 보탠다. 순한글로 표현되는 감정과 형용사들은 아름답다. 모음의 반복을 통해서 리듬감을 주기도 한다. 시적인 운율이 느껴진다. 한글로 표현되는 언어적 요소들은 공감각적이기도 하다. 그럼에도 내가 추가로 한자를 배워야 한다고 말하는 이유는, 언어의 확장과 연결성 때문이다.

나의 외국어는 모국어의 도움으로 성장했고, 그 안에는 한자의 역할도 컸다. 외국어를 확장하는 과정에서 한자가 큰 몫을 했다. 외국어를 공부할 때 접두사를 익히면 어휘를 쉽게 익힐 수 있다. 영어에서도 어근 앞에 'dis'나 'un'을 붙이면 부정어가 되기도 한다. 한자에서 '否(부)'나 '불(不)', '비(非)'를 붙이는 경우와 같다. 독일어를 공부할 때 'um'과 'ver'의 쓰임도 그와 같았고, 프랑스어도 'in(im)'와 'dé'가 있다. 사실, 영어 공부를 할 때 접두사를 알아두면 편하다는 사실에서 어원이 비슷한 다른 언어들도 비슷한 구조임을 짐작할 수 있다.

'두 음절 단어의 힘'이라는 말이 있다. '하지 마세요'는 말 대신에 '금지(禁止)'라는 말을 쓰면 듣는 이로 하여금 뜻이 분명하게 전달된다. '멈추세요'나 '더 가지 마세요'라는 말을 '정지(停止)'라고 바꿔도 마찬가지다. 두 음절의 한자를 외국어에 적용해서 생각해 본다. 독일어에서 하지 못하게 하는 것을 표현하려면, 영어식의 do not + Verb(동사)를 이용하는 것보다 부정접두사 Ver를 동사 뒤에 붙여 한 단어로 만들어 사용한다. Verbieten(Verbot)! 금지! 이렇게 사용하면 더 분명하다는 뜻이다. 한자어 두 어절에 익숙하다 보니, 외국어의 '접두사+어근' 형식이 오히려 번역과 독해에서 도움이 되었다.

무엇보다 나는 법학을 전공했기에 한자어가 많은 학술서를 남보다 조금 더 읽었을 것이다. 독일에서 법학을 공부하면서 전혀 다른 언어이긴 했지만 묘하게 한자의 도움이 작용하고 있음을 알았다. 독일에서는 법학용어를 따로 배운다. 일상용어와는 차이가 많이 나기 때문이다. 쉽게 설명하자면 '아주 긴 단어' 혹은 '띄어쓰기 없는 단어'를 배운다. 그 단어들을 나의 모국어로 번역하여 책에 옮겨 가며 공부했다. 내가 모국어로 바꿔 적어 놓은 것을 보면 모두 한자어다. 한글로 쉽게 늘어세우는 단어들보다 몇 음절과 어절로 적어 놓는 한자어가 이해하기 쉬웠다.

어릴 적 바둑을 배우면서 익힌 용어들 역시 한자였고, 그때 바둑판 위에서 '착수(着手)', '사활(死活)', '타개(打開)' 등을 손과 눈으로 배웠다. 작은 바둑판 위에서 머리로 웅얼거리는 그 단어들로 넓은 승부의 세계를 그려 냈다. 두 음절의 한자어가 넓은 세상을 보여주었다고 생각하니, 지금도 어린 손으로 돌을 집어 든 그 순간을 떠올리며 움찔거린다.

아이를 키우는 입장이다 보니, 아무래도 바라는 게 많아진다. 부모 욕심이라는 생각이 앞서기도 하지만 결국에 또 아이에게 바라고야 만다. 아이가 스스로의 세계를 모국어로 다지고 외국어로 넓혀 가길 바란다. 어렵겠지만 한자를 가르칠 수밖에 없는 엄마의 마음을 미래의 아이가 이 글을 통해 알았으면 좋겠다.

뉘앙스라 쓰고 눈치라고 읽는다

 나는 외동딸이다. 가끔 형제가 있냐는 질문에 '외동딸'이라고 말하면, 다들 놀라고는 한다. 이유를 물으면 '눈치가 빨라서'라고 대답한다. 눈치가 빨라서 둘째나 막내일 거라는 생각을 했다는 것이다. 나는 남들이 눈치챌 만큼 눈치가 빠른 사람인가. 뭐, 그렇다고 하니 인정해야겠지만. 나는 외동딸로 남 눈치 보는 것 없이 산 적도 있지 않았을까. 이 눈치는 도대체 언제 생긴 걸까. 아마 외국어를 쓰는 동안 덤으로 얻은 특기일지 모르겠다.

 눈치를 잘 보는 것. 외국어를 배울 때 꼭 필요한 능력이기도 하다. 상대방에 대한 눈치를 말하는 것이 아니라 상대방의 말에서 느껴지는 뉘앙스를 알아채는 것이다. 같은 단어여도 가끔은 긍정을 뜻하지만, 때로는 풍자나 비아냥을 섞은 말이 되기도 한다. '부모 덕'이란 말도 상대의 부모님을 높이는 말이기도 하지만, 누군가의 노력이 그대로 받아들여지는 것이 아니라 노력 위에 타인의 능력이 있어 가능했다는 의미로도 읽힌다.

또 시간에 따라 단어의 의미가 변하기도 한다. '덕후(Nerd)'라는 것도 처음 등장하던 때에는 집에 홀로 있는 외로운 존재가 한 물건과 인물에 집착하는 것을 뜻했다. 언제부턴가 '한 분야에 몰입할 줄 아는 좀 멋진 사람'으로 바뀌었다. 맥락을 제대로 짚고, 시대가 지지하는 뜻을 알아채야 하는 것이 중요하다. 외국어를 배울 때 뉘앙스를 분명히 파악해야 한다.

가끔 한국 사람들이 외국에서 조금 살다 온 나에게 묻는 질문 중에서 인상 깊었던 것이 있다.

"외국 사람은 다정하지요?"

왜 그렇게 생각하는지 물으니, 몇 년 전부터 방송국에서 방영하는 외국인이 한국을 여행하는 프로그램을 보면서 들었던 생각이라고 했다. 늘 바르고 정직하고 상대를 배려하는 태도와 말투가 그런 인상을 주고 있었나 보다. 궁금해서 몇 편을 찾아보았다. 십여 년간 만난 외국인들이 나에게는 다정하다는 느낌을 강하게 주진 못했다. 오히려 솔직하고 정확한 어투가 상처를 주기도 했으니까.

 외국인 여행을 다룬 프로그램을 돌려 보면서 아쉬운 점이 많았다. 먼저는 화면을 바라보는 패널들이 이방인들이 먹는 한국 음식을 극찬하고 있었다. 이방인들이 당연히 우리와 같은 반응을 보이길 바라면서. 김치, 젓갈, 날생선을 먹는 이방인이 우리와 같이 군침을 흘리며 이보다 더 맛있는 음식은 없을 것 같다는 호평을 요구했다. 다행스럽게도 화면 속 외국인들은 맛이 괜찮다고 했다.

 또한 그들의 긍정적인 반응을 느낌표, 따옴표와 함께 자막에 넣으며 강조했다. 자막 없이 화면 속 그들의 표정을 보고 말투, 어휘를 들으면서 나는 전혀 다른 자막을 적고 싶었다. '신기하기는 하지만 나에게는 그리 썩 맛있진 않다고…'. 의도했든 아니든 이 프로그램은 그들의 '뉘앙스'를 놓치고 있었다. 눈치가 없었다.

 어쩌면 외국 생활 경험이 없었거나, 외국인들과 소통의 기회가 없었더라면 나도 그들이 한국 음식을 극찬한다고 받아들일지도 모른다. 경험이 무섭도록 뉘앙스를 느끼게 한다. 없던 눈치도 만들어 준다.

 독일 유학 시절, 첫해에 시작한 한인 식당 아르바이트는 일 년 뒤에 그만두었다. 학업에 집중하던 시기가 다가오자 학교와 도서관 그리고 집이라는 짧은 동선을 유지했다. 그때 다른 학과 친구와 점심에 학생식당에서 밥을 먹다가 조금 어려운 질문을 받았다.

"넌 일 안 해?"

순간 내가 일을 하는 걸 묻는 건지, 일을 해야 하건만 안 하는 걸 문제 삼는지 헷갈렸다. 머뭇거리다 이런 대답을 건넸다.

"응, 나는 당장은 일할 필요는 없을 것만 같아."

그러자 독일 친구는 영어로 말했다.

"You are a very lucky girl.(너는 행운아구나.)"

만약에 내가 그 상황에서 '고마워'라고 말했다면 그날 점심이 그 친구와 마지막 식사가 되었을 것이다. 순간순간 이렇게 뉘앙스를 파악해야 하는 질문지 앞에 서 있곤 했다. 이 친구는 나에게 묻고자 하는 것이 무엇일지. 나에게 운이 좋다고 하는 말속에 담긴 뜻이 무엇일지. 굳이 영어로 쓰는 이유는 무엇일지.

사실 한국 친구와 이런 대화를 주고받았다고 해도 나는 뉘앙스를 파악해야 한다. 외국에서 적어도 내가 만난 사람들은 자신의 이야기를 기껍게 꺼내지 않았다. 내 앞에 있는 친구의 역사를 알기 전까지는 오해를 불러일으키는 대화가 생기기 마련이다. 그럼에도 친구는 그 오해를 스스로 정리한다. '아, 얘는 내 과거를 모르니깐. 나에 대해서 아직 모르니깐.'

 하지만 종종 거리를 좁히며 마음을 터놓는 사이가 되면 눈치 문제가 생긴다. 뉘앙스를 알아차려야 하는 순간들. 이제 나는 그 사람의 역사를 알고 성격을 알고 성향을 아니깐. 꼭 내가 눈치를 채야 하는 지점에 닿은 것이다. 어렵게 꺼낸 사적인 이야기가 허튼 대화가 아니었다고 만들기 위해 문장과 목소리 사이의 미묘한 지점을 보아야 한다. 그것이 나에게 마음을 열어준 이에 대한 배려가 담긴 당연한 태도다.

 나에게 '행운아'라고 영어로 말한 그 친구를 몇 번 만나기 전까지 8형제의 막내라는 사실을 몰랐다. 형제들 대부분 결혼을 했고 어머니는 이미 돌아가신 후였다. 상급학교 진학을 할 때 아버지와 형제들은 직업교육 학교를 권했고, 자신은 대학 진학을 고집했다. 교육학을 전공하는 이유도 어린 시절의 영향이었고, 여유롭지 않은 상황에서 아르바이트로 생활비를 벌며 학업을 이어가고 있었다. 나는 이 사실을 천천히 알게 되었다. 어렵게 꺼낸 친구의 입을 통해서. 내가 알게 된 그의 이야기를 기억해서 살펴보는 것. 내 앞에 있는 이의 사적인 이야기를 들은 후에 내가 가져야 할 태도다.

'뉘앙스'라고 말하면 영 감이 안 올 것 같다. 눈치라고 읽으면 감이 오지 않을까. '뉘앙스 챙겨'보다는 '눈치 챙겨'가 더 쏙쏙 들어온다. 어쩌다 보니 익혀진 소소하지만 든든한 특기. 나는 눈치가 빠르다.

외국어를 모국어로 바꾸는 일

결혼식을 올리지 않고 혼인 서약만으로 부부가 되어 꽤 오래 해외에서 머물렀다. 가족들은 통화의 끝자락에 이런 말을 했다.

"그래도 결혼식은 올리고 살아야지."

늘 듣고 흘려 버리며 살다가 결국엔 흉내라도 내야 하는 때가 왔다. 미국에서 연구소 셧다운에 맞춰 열흘 일정으로 한국행을 택했다. 한국으로 들어간다는 말이 후딱 퍼졌고, 마치 우리가 결혼식을 올리려 잠시 들어온다고 오해하는 가족들도 있었다. 처음에는 그저 짜증스러운 일이라고만 생각했는데, 시간이 지나면서 가족들에게 미안함이 생기기 시작했다. 축하하고자 하는 이들을 나 하나만 너무 매몰차게 거절하고 있었다.

결혼식을 올리기에는 너무 늦은 것 같아 가족끼리

모여 간단히 축하를 나누며 식사하는 자리로 대신했다. 한정식 식당에서 서른 명이 모였다. 외삼촌이 일어나서 이 자리는 나와 새 식구를 환영하는 자리라고 설명하고는 우리에게 마이크를 넘겼다. 남편은 새 식구로 받아 줘서 고맙다고, 따뜻하고 오붓하게 잘 살겠다고 했다.

나는 마이크를 이어받았고 한마디도 하지 못했다. 고개 숙여 울기만 했다. 남들처럼 웨딩드레스를 입고 식장에 들어선 딸이 되지 못해서 엄마에게 죄스러웠다. 매번 조카의 결혼식을 바라며 축복한 이모와 삼촌들에게 면목이 없었다. 형제가 없는 나에게 늘 동생이 되어 주던 사촌동생들에게도 그 자리에서 전할 수 없는 미안함이 들었다. 멈출 수 없는 눈물에 어찌하지 못하고 있을 때 외할머니가 다가와 내 등을 쓸며 말했다.

"자, 우리 식사들 하세. 잘 산다고 하지 않는가. 우리 강아지가 잘 산다고 이렇게 말하고 있잖은가. 그럼, 말 잘 들었으니 우리는 식사 시작하세."

몇 달 전에 첫 번역서를 냈다. 독일 그림책이었다. 이어서 들어온 번역 작업도 진행하고 있다. 번역이 무엇인지 자주 생각한다. 외국어를 모국어로 바꾸는 일.

단지 그 일이라면 포털 사이트의 번역기가 더 정확할지 모르겠다. 그럼에도 우리는 여전히 번역기를 믿지 못하고 번역가의 힘을 빌린다. 번역가는 분명 번역기보다 낫다. 알아채지 못하는 속뜻을 드러내 주기도 하고 단어의 쓰임을 넓게 활용할 줄도 안다. 이 단어 아니면 안 되는 어휘도 찾아내기도 하고, 이보다 더 좋은 표현은 없을 거라며 현란한 기술을 보이기도 한다.

책을 번역하면서 여러 부분에서 망설였고 오래 고민한 적이 있다. 주로 주인공의 마음을 표현하는 게 어려웠다. '속상해.' 그냥 속상하기만 했을까? 속상해서 아팠을까 슬펐을까 또는 괴로웠을까? 아니면 속상하다는 말 대신에 기분 나빴다고 해버릴까. 그러면 주인공의 마음은 또 다르게 그려질 텐데. 그 표현 하나가 그림 속 주인공 얼굴을 달리 보이게 만들까 봐 걱정됐다. 글 속의 마음을 번역가가 오롯이 그려 내야 한다. 번역가의 사명이자 오롯한 몫이다.

번역을 하면서 자주 떠올린 것은 할머니의 말이다. 등을 쓸어내리며 내 마음을 읽어 낸 그날의 말을 꺼내고 자주 번역 작업 앞에 세워 둔다. 말을 말로 번역하는 것이 아니라, 말하지 못하는 깊은 감정을 감싸주는 것이 번역이라고.

외할머니에게 전화를 걸었다. 비가 많이 온 다음 날이었다. 언제나처럼 할머니는 당신은 괜찮다고 했고 안부를 묻는 나의 생활을 더 걱정했다. 나를 걱정하는 할머니에게 말했다.

"할머니, 나는 괜찮아. 내 목소리만 들어도 할머니는 알 거잖아. 울 할머니는 번역가니깐."

할머니는 잠깐 생각하더니 이렇게 말했다.

"번역가이가 뭐여?"

"아~ 독일말을 우리말로 바꾸는 거 있잖아. 그런 거 하는 사람이야."

나는 역시나 단어의 뜻을 전달했지만, 할머니는 역시나 또 달랐다.

"우리 강아지가 잘하는 거네. 할머니가 울 강아지 멋지다고 따봉 하는 거. 우리 강아지가 따봉이지. 그라믄."

번역가란 '멋지다고 따봉 하는 거.' 내 번역 작업 앞에 세워 두고 픈 말이다.

당신의 외국어, 나의 모국어

대화의 톺아보기

 출판 번역 이전에 영상 번역 일을 했다. 한국에서 영상 번역을 하던 선배의 소개였다. 종교 방송사에서 방영하는 독일 가톨릭 다큐멘터리 시리즈의 자막 작업을 했다. 시리즈는 역대 교황의 청년 시절부터 담긴 일대기를 다루었다. 독일 유학이 햇수로 세 해를 넘기고 있던 때라 듣고 읽는 과정이 조금 수월했다. 스크립트까지 받은 상태라서 부담이 더 줄었다. 스크립트와 장면을 일치시키고 자막을 넣기만 하면 되었다. 하지만 무척이나 어려운 작업이었다. 5초 대화 장면에서도 한 시간을 꼬박 걸려 작업해야만 했다.

 60분, 3,600초 걸려서야 5초짜리 대화를 겨우 옮겼다. 문제는 두 가지였다. 하나는 목소리와 자막이 일치해야 한다는 것. 또 다른 하나는 화면에 들어갈 수 있는 문장의 길이, 단어의 개수가 정해져 있다는 것이었다.

영상 속의 수녀가 아주 짧게 대답하는 장면이었다. 한국어로 짧게 옮기면 내용이 생략되는 부분이 있어서 시청자가 이해할 수 있도록 약간 풀어 주고 싶었다. 그러나 무턱대고 설명을 덧붙여 자막을 늘릴 수 없었다. 수녀는 입술을 한 번 움직여 대답하지만, 자막이 길면 분명 어색해질 지점이었다. 이어진 다른 수녀의 말은 조금 길었다. 하지만 순식간에 화면이 지나가다 보니, 자막이 길어지면 시청자가 다음 장면을 놓칠 것만 같았다. 생략과 첨가를 타이밍에 맞춰 넣는 것이 영상 번역에서 가장 중요한 과제란 생각이 들었다.

 방학 동안 적절한 길이와 타이밍으로 고군분투하던 영상 작업을 마치고 오랜만에 학교에서 친구들과 만났다. 우습게도 대화 도중에 나는 친구들이 말하는 것을 자막으로 옮기고 있었다. 순간 친구들은 주인공이었고, 나는 그 대화 속 독일어를 한국어로 옮겨 자막 작업을 했다.

 '짧은 대답이지만 친구의 표정은 긴 여운이 있으니 살짝 길게 옮겨야지. 바로 다음 친구는 말이 빠르니깐 문장을 좀 다듬으며 신경 써야겠다. 한 장면에 다 넣으려면 한자어를 써야겠다. 이 친구의 어투는 독특하니깐 자막에서 그 느낌을 살려 줄까. 베를린 사투리를 조금 넣어 볼까. 자막이 너무 비면 안 되니깐 이 친구와 나 사이의 대화는 길게 늘려야겠다. 이 친구는 생각보다 형용사를 많이 쓰는구나. 이제 알았네. 저 친구는 말을 조심스럽게 하는구나. 어! 방금 단어 좋은걸? 다음에 기억해 뒀다가 써야지.'

이 습관은 생각보다 오래갔다. 영상 번역 작업을 하며 장면마다 잘라서 보고, 주고받는 대사마다 호흡을 세다 보니 새로운 훈련이 되었나 보다. 일상에서 나는 친구들의 대화를 쪼개 보고, 나눠 보고, 깊이 보는 습관이 생겼다. 친구의 쉼표가 어떤 의미를 지녔는지. 유난히 자주 쓰는 단어는 친구에게 어떤 의미인지. 말투와 억양 담긴 감정선도 조금씩 더 알아갔다. '대화의 톺아보기'를 한 셈이다.

방학 동안 했던 영상 작업으로 큰 보수를 받지는 못했다. 처음 작업을 맡은 초보 번역자이기도 했고, 영상 작업 현장에서 번역가를 그리 크게 인정해 주는 것 같진 않았다. 과정에서 나에 대한 아쉬움도 있었고 결과에서는 방송사에 대한 실망도 있었지만, '대화의 톺아보기'를 할 수 있는 여유가 생겼다는 점에서는 대만족이었다.

Ctrl C + Ctrl V를 할 수 없는 까닭

한국에서는 휴대폰 번호를 개인 연락처로 주고받았지만, 독일에서는 이메일을 개인 연락처로 사용했다. 처음에 번호가 아닌 이메일 주소를 적어 주는 친구에게 상처를 받았다. 개인 연락처는 줄 수 없다는 뜻인가. 오해했다. 당시에 스마트폰이 보급 안 된 시기이기도 했고, 이메일이 더욱 익숙한 친구였다. 그 친구뿐만 아니라, 교수님이나 동기들 모두 이메일 주소를 주고받았다. 나는 이메일을 받고서야 왜 문자 대신에 긴 편지를 쓰는지 알았다. 내가 지금도 이메일을 더 선호하는 이유이기도 하다.

독일 서점에 가면 '편지 쓰는 법' 책을 쉽게 볼 수 있다. 심지어 스테디셀러 코너에 있다. 지금도 나는 서재에 그 책을 두고 있다. 처음 독일어를 배운 어학원에서도 편지를 쓰는 방법을 익히라고 했다. 행정 서류 작업도 편지 형식이 주를 이룬다. 독일에서뿐만 아니라 프랑스와 미국에서도 이메일 사용이 흔했다. 일상 속에서 사용되는 이메일은 가끔은 서류상의 법적 효력도 지니기도 했다. 물론, 증거용으로 이메일을 쓴다는 뜻이 아니다.

이메일을 쓰다 보면 나도 모르게 상대에게 나의 뜻을 더 분명히 전달하고 있음을 알게 된다. 문자로 짧게 묻고 답하는 것보다 이메일로 나의 뜻을 조금은 길고 가끔은 서사를 넣어 전달하면 '쓰는 맛'이라는 게 있다. 입장 정리가 되기도 한다. 논리적인 입장 전달을 위한 훈련이 되기도 한다. 점잖고 교양 있는 단어를 찾게 될 때도 있다. 단호하지만 건조하지 않은 표현도 익히게 된다. 외국어를 배우는 입장이라면, 작문 연습이 되기도 한다.

한인 커뮤니티를 통해서 가끔 통번역 문의를 받기도 했다. 대부분 유학생들의 비자 문제나 음대 지원자들의 레슨과 관련된 일이었다. 특히, 음대를 지원하기 위해 레슨 받을 교수님을 찾는 과정에서 이메일을 쓴다. 그 이메일을 대신 써달라는 사람도 있었고, 쓴 편지를 수정해 달라고 묻는 이도 있었다.

그사이에 조금 놀라운 일이 있었다. 세 학생이 이메

일 수정을 문의해서 보냈는데, 세 개의 내용이 모두 똑같았다. 학생 이름만 다를 뿐 내용이 한 단어도 틀리지 않은 메일이었다. 음대 준비생들 사이에서 돌고 있는 샘플 이메일이었다. 유학생들이 그 샘플을 똑같이 복사해서 쓰고 있었다. Ctrl C + Ctrl V.

사실 크게 문제가 될 건 없다. 하지만 그 메일을 받는 교수님을 생각해 보면 문제가 되지 않을까. 나는 상황을 알고 받은 메일이지만, 그 교수님은 레슨을 원하는 이름만 다른 여러 개의 메일을 받는 셈이다. 생각해 보라. 돌이킬 수 없는 실수이자 무례함일 것이다.

이메일 쓰는 걸 즐기고 또 그만큼 받는 걸 기껍게 여긴다. 낮에는 두 시간에 한 번씩 메일함을 확인한다. 오래된 습관이다. 오전 시간을 이용해서 메일의 답을 한다. 거절을 담거나 넘겨도 될 메일도 직접 답을 써서 보내는 편이다. 광고 메일을 제외하고는 답장을 한다. 짧은 문장 하나라도 메신저나 문자보다는 이메일을 선호한다.

나의 습관은 독일, 프랑스, 스위스, 미국을 거쳐 이어져 오고 있다. 그곳의 친구들이 보여준 습관도 그러했다. 여전히 나는 친구들과 이메일을 주고받는다. 최근에는 아이의 사진을 기다리는 친구들이 있다. 아이의 사진에 나의 안부를 넣어 보내면 며칠 이내로 친구 아이의 사진과 친구의 안부가 돌아온다. 이메일에 담긴 내용을 Ctrl C + Ctrl V 할 수 없는 이유다. 이메일은 특별하지 않은 하루를 담아 보내더라도 누구도 아닌 '나의' 일상을 보낸 것이다. 그리고 '친구의' 일상을 답으로 받는 것이기도 하다.

가끔 나에게 수정 번역을 부탁하며 이메일을 보낸 학생들이 떠오른다. 이메일에는 따로 전문 번역가가 필요하지 않을지도 모른다. 나의 간절함을 적어 보내는 일이라면, 한 번쯤은 '나의' 목소리를 그대로 옮겨 보는 것도 중요하다. 좀 틀려도 괜찮다. 오타가 있다거나, 문법이 틀렸다는 지적이 담긴 답장을 한 번도 받아 본 적이 없다. 이메일은 논술 첨삭지가 아니니깐.

서바이벌 한 문장

외국에 살면 그 나라의 언어를 꼭 배워야 한다고 주장하는 나는 그 나라의 언어 없이 잘 살아낸 남편과 함께 해외 생활을 오래 했다. 처음 남편을 독일에서 만났을 때 주문도 영어로 하는 모습에 적잖이 놀랐다. 2년 가까이 독일에 있었다는 사람이 아직도 주문을 독일어로 못한다는 말인가.

남편은 독일에서 펠로우십을 받은 연구원이었다. 공용 언어를 영어로 쓰는 국립연구소에서 연구원으로 일했다. 일하는 공간에서는 언어로 문제 겪을 일이 없었다는 뜻이다. 그럼 연구원 밖에 나와서는? 의문을 갖자마자 바로 답을 들었다. 남편이 사는 동네는 미군 기지와 근접해서 미군이 가는 펍과 영화관, 마트가 있었단다. 당연히 언어가 문제 되진 않았다. 영어만으로도 충분히 살 수 있었다. 나처럼 몸으로 부딪히면서 독일어를 배운 사람에게는 남편과 같은 외국 생활기는 배 아픈 이야기다.

남편은 이런 나의 불평 비슷한 오해를 들을 때면 자신도 할 줄 아는 독일어 문장이 있다며 꼭 뱉는다.

"Einmal Hefeweizen. Bitte.(맥주 한 잔 주세요. 'One beer, please'와 같다.)"

이 문장 하나를 나는 줄곧 '서바이벌 한 문장'이라 부르고 있다. 생소하고 모르는 외국어일지라도 한 문장을 오래 껴안고 있는 건 사연이 있어서는 아닐까.

남편은 종종 금요일 밤에 연구원 사람들과 주변 식당에서 맥주를 한 잔씩 마셨다. 매번 독일인 동료나 독일어를 할 줄 아는 오피스 메이트의 도움으로 맥주를 시킬 수는 없었을 것이다. 그래서 그 한 문장을 외웠고, 주문 때마다 썼다. 사실, 이 한 문장이 나오기까지 남편이 얼마나 속으로 되새기며 외웠을지 상상을 하니 마음이 시큰거린다. 수십 번 되뇐 한 문장은 어쩌면 그 자리에서 남편의 자존심이었을 것이다.

누군가의 도움 없이 모두가 함께하는 자리에서 어색하지 않게 자리 잡는 것. 외국어의 세계에 살다 보면 함께하는 자리에서 한 문장의 힘은 그렇게 드러난다.

나도 그들과 같다는. 그들의 도움 없이 기본적인 것을 할 수 있다는. 아무렇지 않게 입으로 내는 한 문장은 사실 수십 번, 수백 번, 밖으로, 안으로 뱉어 냈을 때 나오는 것이다. 맥주 한 잔 마시기 위한 '서바이벌 한 문장'이란 뜻이 아니다. 그들 가운데에서 함께 살기 위한 '서바이벌 한 문장'이란 말이다.

크로와쌍, 크로~쏭, 크롸상

가장 좋아하는 아침 식사는 진하게 내린 커피에 우유를 붓고, 막 구운 '크로와쌍'을 찍어 먹는 것이다. 커피는 될수록 진하게 내려서 컵의 3분의 2를 채운다. 우유를 컵 가득 붓고 찰랑거릴 때 한 입 호록 마신다. 그리고 크로와쌍을 반으로 쪼갠다. 쪼갠 면을 커피에 담그고 2초를 기다렸다고 꺼내 한입에 문다. 커피향이 느껴지고 뒤에는 버터향이 올라온다. 이렇게 아침을 챙기면 나도 모르게 하루의 좋은 기분을 몽땅 당겨쓰는 기분이다.

나는 '크로와쌍'을 한인 식당 사장님에게 배웠다. 오픈 준비를 마치고 틈이 생기는 시간에 식당 앞 프랑스 커플이 운영하는 베이커리에서 크로와쌍을 사왔다. 사장님은 늘 크로와쌍을 커피에 찍어 먹었다. 그 모습을 따라 하다가 그 맛에 눈을 뜬 것이다. 손님들이 들이닥치기 전, 나는 그 순간에 커피향과 버터향으로 여유를 누렸다. 오픈 준비가 끝나면 사장님에게 다가간다. 이 말을 듣기 위해.

"보현씨, 가서 크로와쌍 사오세요."

베이비시터를 하면서 인연이 닿은 아이는 하굣길에 베이커리 가기를 즐겼다. 내 손을 잡고 베이커리 가는 길에 콧노래를 불렀다. 가게에 들어서 아이는 반갑게 인사하고 주문을 했다.

"크로~쏭 주세요."

아이는 부모를 따라 영국에 살면서 영어를 배웠고, 독일로 돌아와 다시 프랑스어를 배우고 있었다. 프랑스 빵인 크로와상은 늘 그렇게 '크로~쏭'으로 발음해야 한다고 나에게도 신신당부했다. 입을 오므린 채 발음해야 한다고 꼭 손가락으로 두 입술을 집으며 가르쳐 주었다. 집에 가져가 테이블에 딸기잼을 올려 두면 아이는 사온 크로~쏭을 찍어 먹는다. 다음 날, 하굣길에 또 같은 베이커리에 들러 아이는 주문을 한다. 이어서 나도 주문한다. 아이는 내 입을 쳐다본다.

"크로~쏭 주세요."

아이는 만족스러운 표정이다. 나도 크로~쏭을 딸기잼에 찍어 먹었다.

미국으로 이주해서 호텔에 짐을 풀고 구글맵으로 주변을 검색하니 카페가 딱 두 군데뿐이었다. 호텔 직원에게 물으니 '마트도 하나, 학교도 하나, 햄버거 가게도 하나. 그러나 카페는 둘! 두 군데나 있다구요' 대답했다. 그중 한 카페는 스타벅스였고 다른 한 카페는 수제 초콜릿 전문점이었다. 아침을 주로 카페에서 해결하는 나에게는 스타벅스가 중요했다.

독일 생활을 마무리하고 온 미국의 아침을 매번 스타벅스에서 맞이했다. 아침마다 스타벅스에 들러 라떼 한 잔과 크롸상을 주문했다. 주문자의 이름을 받아 적는 스타벅스 바리스타에게 나는 'LEE'라고 알려 주었다. 가끔은 성(Last Name)이 이름(First Name)보다 편리하다. 내 이름을 말했다가는 B를 P로 쓰거나, HYUN의 경우는 정말 예상 밖의 글자로 바뀌었다. 잘못 쓰는 건 상관없으나, 이름을 부를 때 내가 알아듣지 못한다는 게 문제다. 나는 '보현'인데 '부숭'으로 부르는 경우가 종종 있었기에. 내 성을 이름으로 부르던 바리

스타는 나에게 또 다른 이름을 지어 주었다.

"크롸상."

애정 섞인 별명이었다. 본사에서 보낸 크롸상이 이 사막의 고지대까지 올라오지 못할까 봐 나보다 더 걱정하는 그였다. 한번은 폭설로 이틀 동안 화물 배송이 멈췄다. 그때 바리스타는 나만 보면 슬픈 표정으로 말했다.

"So sorry Croissant."

크롸상이 없어서 미안하다는 건지. 크롸상인 나한테 미안하다는 건지. 아니면 크롸상이 불쌍하다는 건지. 아직도 모르겠다.

분명 같은 프랑스 빵 '크로와상'이지만, 나는 커피에 찍어 먹을 때면 '크로와쌍'이라 부른다. 딸기잼에 찍어 내 아이에게 줄 때는 '크로~쏭'이라고 입술을 모으고 알려 준다. 스타벅스에서는 '크롸상'이라 발음하면서 불쌍한 크롸상을 떠올리며 먹는다.

비닐봉투는 평등하다

베를린 대학교 도서관들은 너무나 훌륭하다. 외형과 소유한 장서들을 두고 말하는 것이 아니다. 대학 도서관이 모두에게 열려 있다는 점을 두고 하는 말이다. 한국 대학 도서관은 외부인에게도 열려 있지만, 제한된 곳이 많고 소속 대학생들만 이용할 수 있는 곳이 많다.

베를린 자유대 학생이었지만, 나는 종종 훔볼트 대학교 중앙도서관을 이용했다. 그리고 훔볼트 대학교의 법학도서관에서 주말을 보내기도 했다. 솔직히 법학도서관은 모교인 자유대보다 훔볼트대가 훨씬 멋지긴 하다. 베를린 대학 도서관은 외부인에게도 열려 있고, 타 대학 학생들에게도 자유롭게 책과 책상을 내준다. 단 몇 가지만 주의하면 된다.

하나, 외투는 벗고 들어가야 한다.
둘, 속이 보이는 물병을 들고 가야 한다.

셋, 투명 비닐봉투에 책, 노트북, 소지품을 들고 가야 한다.

도서관 안에 설치된 사물함에 외투와 백팩을 보관했다. 투명 비닐봉투에 공부할거리를 들고 올라갔다. 그곳에서 공부하는 모든 사람들은 이 투명 비닐봉투에 각자의 소지품을 넣고 도서관을 누볐다. 투명 비닐봉투는 도서관 경비실에서 무료로 받을 수 있었다. 외투를 벗고 가벼운 옷차림에 비닐봉투를 들고 다니는 그곳에서 나는 묘한 기분이 들었다.

'우리 모두 평등하다.'

그 안에서는 이 학교 학생도 있고, 다른 학교 학생도 있고 또 학생이 아닌 사람도 있었다. 하지만 우리는 서로에게 묻지 않는다. 그저 각자 이유를 갖고 그곳을 이용하는 사람들이다. 내가 소속된 학교라고 해서 나만 이용할 수 있는 것은 아니다. 열린 도서관. 내가 아닌 그녀도 그도 이용할 수 있는 공간이다. 최고 상위 교육기관인 대학은 모두에게 공간과 책을 값없이 내어 주고 있었다. 신분과 사회적 위치를 드러내는 혹은 계층과 지역을 나누는 표식은 그 어디에도 없었다.

그저 비닐봉투를 든 나와 같은 사람일 뿐이었다.

　나의 모국어를 낯설어하는 세계에 살면서 느끼는 감정은 외로움이다. 가끔은 고립감을 느낀 적도 있었다. 스스로의 고립. 내가 나를 홀로 세워 가두는 것이었다. 그럴 때면 나는 학교 도서관으로 향했다. 투명 비닐봉투에 책을 담아 도서관에 들어서면서 나도 모를 위안을 받았다. 나도 크게 다르지 않다. 내가 그들의 모국어를 외국어로 부족하게 구사한다고 해도. 내가 외국어로 담겨진 문화에 어설프게 반응하더라도. 외국어로 실수를 한다고 해도. 우리 모두 평등하다.

내가 사랑하는 모국어와 외국어

나는 모국어를 사랑한다. 그리고 외국어를 사랑한다.

 나는 '광주'라는 단어를 사랑한다. 내가 태어나고 나를 키워 낸 도시는 빛의 마을이란 뜻을 지녔다. 시대의 아픔을 지녔지만 그로 더 빛을 내는 곳. 나는 그 도시를 떠올리면서 빛을 상상한다.
 나는 'Licht'라는 단어를 사랑한다. 독일어로 빛을 뜻하며 영어처럼 'Light(라이트)'라고 읽힐 듯하지만, '리히트'라고 발음한다. 어떤 독일 명사 앞에 'Licht'를 넣으면 긍정의 에너지를 동반하고 미래에 대한 기대를 불러낸다. 빛의 도시는 그렇게 슬픔을 긍정의 에너지로 소화되어 더 나은 미래를 품는다.

 나는 '가을'이란 단어를 사랑한다. 계절에 대한 애정이 단어에도 이어진다. 가을에 태어난 아이를 안고서 선선한 바람 부는 날에 젖을 먹였을 엄마를 떠올린다.

영어로 떨어진다는 동사의 'Fall'을 가을이라고도 한다. 떨어지는 나뭇잎을 보았을 것이다. 독일어로는 가을은 'Herbst'이다. 수확하고 추수하는 것을 의미한다. 더 나아가 열매를 상징한다. 가을 바람소리를 들으며 젖 먹이는 엄마에게 나는 탐스러운 열매였을 것이다. 나는 'Herbst'라는 단어를 사랑한다.

나는 '나누다'라는 단어를 사랑한다. 모국어로는 애정을 느끼지 못했지만, 외국어로 이 단어를 사랑하는 법을 배웠다. 독일어로 'teilen'. 함께하는 행위를 모두 teilen으로 대신한다. 함께 음식을 먹을 때도 나눈다 하고, 함께 대화를 할 때도 나눈다 한다. 함께 공연을 보고, 음악을 듣고, 시를 낭독하고, 책을 읽을 때에도 역시나 모두 나누고 있다고 한다. 홀로 할 때는 음식을 먹고, 공연을 보고, 음악 듣고, 책 읽는다면서도 내 옆에 한 사람이 더 있으면 이 모든 것을 나눈다고 한다. 나눈다는 것은 함께 존재하는 것일까. 나는 외국어로 '나누다'를 사랑했고 이어서 모국어로도 사랑하게 되었다.

나는 '노랑'이라는 단어를 사랑한다. 어릴 적 질투심 가득 담은 단어가 '노랑'이라는 말을 스님이 전해 주었다. 당시에 노랑 옷만 입고 다니던 나였다. 나는 혹시나 색깔로 나를 점칠 것을 두려워하며 '노랑'이란 색을 피한 적도 있었다. 그러다 해외에서 '노랑'으로 살아가야 했다. 황인종(yellow)으로 살아내는 삶은 즐거움을 주는 만큼 외로움도 함께 주었다. 노랑은 두 감정을 모두 담았다.

노랑은 독일어로 'gelb'라고 한다. 독일 삼색 국기의 마지막 줄 색이기도 하다. 하지만 노랑이라고 하면서도 독일 사람들은 굳이 'gold(금)'라고 바꿔 부른다. 국기의 순서 따라 검정과 같은 암흑의 시대를 이기고, 열정과 빨간 투쟁으로 버티면, 결국 노랑처럼 빛나고 금처럼 단단한 시대가 온다는 걸 상징적으로 담고 있다. 나는 'gold'를 지닌 노랑을 사랑한다. 결국 외국어의 암흑을 지나 열정으로 이겨내자 금처럼 단단해진다는 말을 나는 믿고 사랑한다.

피천득 시인의 수필을 읽으며, 해가 뜨거운 베를린 자유대학교 학생식당(Mensa) 앞 잔디밭에서 빵을 먹었다. 울음도 함께 목으로 삼켜야 했다. 시인이 1969년에 쓴 「나의 사랑하는 생활」이었다. 사랑하는 것들을 나열한 시인의 문장이 해가 비치고 잔디의 푸르름 위에서 더욱 슬퍼졌다. 사랑에는 양면의 모습과 감정을 담는다. 사랑해서 사랑하면서도, 아파서 사랑한다. 부족해서 사랑하고 더 모자라서 사랑한다. 모국어와 외국어를 사랑하는 나의 마음도 크게 다르지 않다. 사랑해서 사랑하고 그러다 아픔이 느껴져 또 사랑한다. 부족해서 더 사랑해 보려 하고, 또 모자라서 여전히 사랑한다.

언어의 위로

한식당 아르바이트를 몇 해 전 그만두었지만, 매주 수요일 저녁마다 그곳에 갔다. 한국어 과외가 있어서였다. 한식당 사장님의 소개로 내과 전문의를 알게 되었다. 그 독일인 의사는 경기도 일산의 한 병원에서 두 해 근무했다. 베를린에 돌아와서 이 한식당을 찾았다. 매주 수요일 저녁 이곳에서 식사를 했다. 그의 루틴은 사장님에게 인상적이었고, 몇 마디를 나누다가 그에게 나를 소개했다. 나는 그에게 한국어를 가르쳤고, 그는 나에게 베를린 문화를 들려주었다. 수요일 저녁 같은 시간에, 우리는 한식당에서 만났고 다른 언어와 문화를 서로 가르치고 배웠다.

미국에 짐을 풀고 처음 몇 달은 정착에 몰두했다. 새 대륙에서의 기대감과 달리, 부딪히는 문제들에 몇 번씩 쓸데없이 힘을 빼고 있었다. 미국에서 다시 공부를 하고 싶었다. 로스쿨을 알아보다가 나의 부족한 실력보다는 물리적 거리와 경제적 부분을 문제 삼으며 포기했다. 그리고 그 선택을 오롯이 남편의 탓으로 돌렸다. 미국에서 남편의 성공에 온전한 응원을 하지 못했다. 마치 내가 포기한 것에 대한 기회비용을 남편이 받고 있다고 생각했을지도 모른다. 당시에 눈을 뜨면 오늘도 나의 실패한 하루가 시작됐다며 한숨을 쉬었다. 아무것도 하지 않은 나를 몹시도 미워했다. 어쩌면 나는 그때까지 한 번도 쉼을 가져 본 적이 없었다. 이제 조금은 쉬어 가도 된다는 주변의 조언도 좀처럼 위로되지 않았다.

그때 도서관에서 일할 기회를 얻었다. 나를 면접 본 선배는 오스트리아에서 몇 해 전 미국인 남편을 만나 이곳으로 건너왔다. 그는 나와 독일어로 인터뷰를 진행했다. 나는 긴장감에 떨고 있었지만, 오스트리아인 선배는 독일어에 익숙한 나를 만나 반가움에 들떠 있었다. 우리는 국제도서부에서 일했다. 다른 동료들과는 주로 영어를 썼다. 하지만 점심시간만큼은 독일어로 수다를 떨었다.

나는 서서히 안정을 찾아가고 있었다. 아침마다 한숨을 쉬던 습관은 사라졌다. 일을 하게 되어 생긴 안도였을지도 모르나, 무엇보다 점심마다 나누는 독일어 대화가 큰 역할을 했던 것 같다. 나는 비록 한국인이지만, 몇 달 전까지 독일에서 하루 24시간을 보내고 있었다. 십 년 가까운 유럽 생활을 정리하고 갑자기 미국에서의 하루를 받아들이기에는 버거웠다. 새로운 땅, 다른 공기, 색다른 풍경이 낯선 것이 아니라, 하루 종일 들리는 바뀐 언어에 대한 거부감이었다. 나를 편안하게 가라앉게 도와준 것은 오스트리아인 선배와 나눈 '루틴의 독일어'였다.

매주 수요일 저녁 나를 만났던 독일인 의사는 누구보다도 나의 한국어를 귀담아 들었다. 가끔 적어 오는 한글은 부드럽고 반듯했다. 노트에 가지런히 적어 온 한글을 내가 소리 내어 읽으면 그의 눈가 주름이 기분 좋게 흔들렸다. 한 번도 수요일 저녁 만남을 그가 취소하거나 연기한 적이 없었다. 일 년 가까이 이어간 과외는 그가 뮌헨으로 이사 가며 멈췄다.

그가 없는 수요일의 한식당에 한 번씩 갈 때면 유독 한 가지 감정이 떠올랐다. 언어의 위로. 베를린 한식당에서 수요일마다 나를 만난 그는 나에게서 혹은 나의 한국어에서 안도감을 찾았던 걸까. 두 해라는 짧은 기간이었지만, 수백 개의 하루는 한국어로 채워졌을 것이다. 하루 종일 들리는 낯선 언어가 서서히 편안함을 주는 때가 찾아왔을 것이다. 또다시 독일에 돌아와 익숙한 외국어가 그리워졌을지도 모른다. 나와 함께한 '루틴의 한국어'가 그에게는 어떤 의미였을까. 가끔 언어가 주는 위로는 모국어가 아니라, 외국어로부터 오는 걸까.

다이앤 애커먼은 『감각의 박물학(A Natural History of the Senses)』에서 우리의 감각은 시간적 양상을 지니고 있다고 한다. 감각은 우리를 과거와 밀접하게 연결해 준다고 한다. 언어는 우리의 감각을 이용한다. 청각을 자극해서 우리는 그날의 그때로 돌아간다. 외국어 음절들이 귀에서 맴돌다 소리의 근원으로 돌아간다. 그 소리를 내는 그때 그 사람을 떠올리고, 그 사람을 감싼 주변이 떠오른다. 문자로 시각을 자극해서 음소들이 자리 잡고 있는 그때로 데려간다. 낯선 외국어의 소리들, 익숙하지 않은 글자들은 타국의 시간으로 돌아가 그리운 감정을 모아 모국으로 가져온다. 그렇게 익숙한 낯설음을 지닌 언어가 위로를 건넨다.

눈으로 배우는 제2모국어

남편과 베를린-슈투트가르트를 오가며 연애하는 동안 주로 토요일 출발을 선호했던 건, 금요일 저녁 약속이 있어서였다. 그날은 한 달에 두 번 정도 나와 외모는 비슷하지만 언어가 다른 친구들을 만났다. 70~80년대에 독일과 스위스 가정에서 자란 나의 친구들은 입양아였다. 우리는 누가 지정한 적은 없었지만 거의 한인마트나 한식당에서 만났다. 한인마트에서 만나 간단한 재료를 사서 우리 집에서 김밥을 말아 먹거나 스위스 친구 커플 집에서 냉동만두를 튀겨 먹었다. 내가 김에 밥을 마는 동안 늘 신기해 하는 두 친구는 꼭 김밥을 간장에 찍어 먹었다. 나는 그런 친구들이 신기했다. 아무래도 김밥을 '스시'나 '마끼'라고 부르는 유럽 사람들에게는 소이소스(간장)와의 궁합이 더 친숙했을 것이다.

친구들을 만나는 날이면 나도 모르게 입 모양에 신

경을 쓰게 된다. 주말 한글학교에서 성인 기초수업을 듣는 두 친구는 한국어를 잘하고 싶었다. 들리는 소리를 따라 하는 방법은 소리만을 쫓는 것이 아니다. 입술 모양이 비슷해야 정확히 목에서 나오는 소리를 전달할 수 있다는 걸 알았다. 그들은 어릴 적 배웠던 독일어가 아닌 외국어들도 그렇게 공부했을 것이다. 내가 말하는 한국어 단어를 소리로 들을 뿐만 아니라 눈으로도 듣고 있었다. 천천히 전달하려고 했고, 무엇보다 발음을 흘리지 않으려고 나도 꽤나 애를 썼다. 그 두 친구의 눈빛을 봤다면 누구라도 그랬을 것이다.

독일 친구는 공무원인 부모님과 동독에서 자랐다. 대학 입학과 동시에 독립했고, 졸업과 동시에 은행에 취직했다. 스위스 국적의 친구는 독일인 여자친구의 학업을 배려해 베를린에서 프리랜서 작가로 일하고 있었다. 두 친구는 한글학교에서 만났지만, 사실 오래전 한국에서 이미 서로를 만났을지 모른다고 했다. 나는 그 말을 믿었고, 그게 사실이길 더욱 바란 적도 있었다. 그 두 친구는 각자의 뿌리를 서로에게서 찾고 있었고, 감사하게도 그사이에 '나'라는 존재가 그 의미를 만들기도 했다. 내가 흘러가는 말로 뱉는 한국어 단어에도 친구들은 자주 부탁했다.

"Nochmal. Bitte.(다시 한 번만 말해 줘.)"

그러고는 언제나처럼 진지하고 깊은 눈동자로 내 입모양을 바라보았다. 한번은 내가 둘의 먹는 모습이 비슷해서 '닮았다'라는 말을 했다. 두 친구는 그 세 음절에 또 눈을 반짝거렸다.

유학 초기에 교수님 소개로 베이비시터 아르바이트를 했다. 동료 교수님의 둘째 딸의 하원을 돕는 것이었다. 그때 독일어가 부족했던 걸 도우려던 두 교수님 덕분에 나는 아주 귀한 선생님을 만났다. 어린아이는 나에게 천천히 인내하며 독일어를 알려 주었다. 입술만 보는 나에게 더 과장된 입술을 보여준 적도 있었고, 내 표정이 석연찮으면 싫은 기색 하나 없이 몇 번이고 발음해 주었다.

두 친구를 바라보며 나의 어린 선생님을 떠올렸다. 그 어린아이도 나에게 이런 마음이었을까. 귀로 들으면서 입술 모양도 놓치지 않으려 하던 나의 모습이 두 친구처럼 그러했을까. 외국어를 배우려 아이의 눈이 아니라 아이의 입술을 쳐다보던 내가 떠올랐다. 두 친구의 어린 시절도 그렇지 않았을까. 모국어가 한국어였던 그들은 독일어를 눈으로 배워야만 하지 않았을까. 형제들과 놀면서, 부모님과 대화를 나누면서, 이웃들의 지나가는 인사에도, 학교에서도 가끔은 귀가 아닌 눈으로 독일어를 주워 담진 않았을까.

 상대의 눈보다 입술을 먼저 볼 수밖에 없는 건 외국어를 배울 때다. 나도 그러했고, 내 두 친구도 그랬다. 하지만 내 친구들에게 나와 같은 공식을 붙이고 싶진 않다. 두 친구는 한국어라는 외국어를 공부하는 것이 아니라, 잠시 잊었던 모국어를 다시 알아가고 있으니깐. 그리고 친구들은 아주 어릴 적 독일어라는 외국어를 익힌 것이 아니라, 또 그들의 가족 언어인 제2모국어를 알아갔으니깐. 내가 눈으로 외국어를 배웠다면, 누군가는 눈으로 제2모국어도 다시 제1모국어도 채워 간다. 김밥에 간장을 찍어 먹으면서. 또 누군가의 입술 모양을 눈으로 들으면서.

보현이모 예뻐요

학생식당(Mensa)으로 가는 길의 복도에는 포스터와 광고지가 덕지덕지 제약 없이 붙어 있다. 순서도 규칙도 제각각인 글들 사이에서 룸메이트를 구하는 글만큼이나, 탄뎀(Tandem, 언어교환 친구)을 찾는 연락처들이 많이 보인다. 베를린의 대학에는 외국에서 온 학생들이 많았다. 스페인어나 불어를 배우고 싶은 독일 학생들에게는 기회가 많았고, 교환학생이나 유학을 온 학생들도 그렇게 자신의 모국어와 독일어를 주고받았다. 학교에는 한국어학과가 학부 과정으로 있었다. 한국어학과 학생들은 복도 벽면에 그룹 탄뎀을 찾는 글을 올렸다. 한국 학생 한 명이 독일 학생 여러 명을 만나거나, 한국 학생 여러 명이 독일 학생 한 명을 만나는 형식이 많았다.

하루는 점심을 들고 창가 테이블에 자리를 잡고 있을 때였다. 학생 셋이 다가오더니 테이블을 함께 쓸 수 있는지 물었다. 그리고 서로 눈치를 보더니, 나에게 한 명이 말을 건넸다.

"언니. 안녕하세요. 저는 이십 살입니다. 저는 한국어 배웁니다."

학생들은 쑥스럽게 번갈아 가며 한국어로 나에게 자기소개를 했다. 나도 한국어로 천천히 내 소개를 나눴다. 언제나 신기한 건, 내가 늘 한국 사람처럼 보인다는 점이다. 내가 한국 사람인 걸 어떻게 짐작했는지 물었더니, 세 학생 모두 말했다.

"앞머리!"

크게 웃었다. 세 학생들과 나는 그렇게 탄뎀이 되었다. 한 학기 동안 일주일에 한 번 함께 점심을 먹었다. 점심을 먹으며 자연스럽게 대화를 나눴다. 주로 독일어였다. 한국어로만 대화를 이어가기에는 무리였다. 세 학생은 이제 첫 학기를 시작해서 한글을 배우고 있었다. 한국 드라마를 통해서 간단한 인사나 감탄사는 익숙해 했지만, 대화를 이어가기는 어려웠다. 그럼에도 학생들의 한국어는 매주 일취월장했다. 얼마나 한국과 한국어에 대한 사랑이 남다른지 알 수 있었다. 그 세 학생에게 물었다. 한국어와 한국에 관심이 생긴 점이 궁금했다. 이 역시 세 학생의 대답이 같았다.

"소리가 예뻐요."

그 말을 들을 때만 해도 나는 한국어를 소리가 예쁜 언어라고 생각해 본 적이 없었다. 독일어의 강한 악센트에 비하면 비교적 잔잔한 소리가 편하게 들릴 수도 있을 거라 짐작했다. ch(크ㅎ), cht(크트), tsch(취ㅎ)처럼 거센소리보다는 부드러웠을 한국어가 독일 사람들에게는 매력적이었을지도. 그 이유들을 짐작은 할 수 있었지만, 한국어 소리가 예쁘다는 의아함은 좀처럼 풀리지 않았다.

그맘때 한글 과외를 시작했던 아이에게는 여동생이 있었다. 막냇동생은 일주일에 두 번 집에 언니와 함께 들어오는 아시아인을 신기해 했다. 하루는 방에 얼굴을 빼꼼히 내밀더니 물었다.

"Wie heißt du?(이름이 뭐예요?)"

귀여운 그 아이에게 장난이 치고 싶었다.

"보현이모 예뻐요 Lee. Es ist mein Name.(내 이름이야.)"

아이는 이름이 너무 길다고 했고, 나는 이어지는 장난에 거짓말을 조금 붙였다. 아시아인들의 이름은 길다고. 아이는 내 이름이 '보현이모 예뻐요'가 아닐 거라고 의심한 적이 한 번도 없었다. 늘 아이는 내가 언니와 현관에 들어서면 말했다.

"Hi. 보현이모 예뻐요."

그리고 한 번 꼭 안고 헤어질 때면 현관에서 손을 흔들며 말했다.

"Byebye. 보현이모 예뻐요."

내 앞머리를 보고 나를 한국인으로 알아본 세 학생들이 왜 한국어에 빠졌는지 알았다. 한국어의 소리는 정말 예뻤다. 아이가 오물오물 내뱉는 소리가 너무나 다정했다. 긴 나의 이름을 기억하며 어려울지도 모를 외국어를 꼭꼭 발음하는 아이가 사랑스러웠다. 아이의 입 모양으로도 이미 한국어는 귀여웠고, 소리로 나오는 나의 모국어는 말랑말랑했다. 방울방울한 느낌이랄까. 아이에게는 외국어이자 나에게는 모국어인 그 소리는 정말 예뻤다! "보혼이모 엡뽀요오." 오해 금지! 내가 예쁘다는 뜻은 절대 아니다.

언제 그 언어를 배웠는가

서울의 한 대형 쇼핑몰에서 엘리베이터를 탔다. 나랑 남편 그리고 아이를 빼고는 모두 외국인이었다. 그 안에서 들리는 소리는 모두 한국어였다. 이제는 그렇게 신기한 일도 아니지만, 우리는 내리자마자 조용하게 귀에 대고 말했다.

"우리가 늙었나 봐."

나도 남편도 그들이 하는 얘기를 알아듣지 못한 것이었다. 그날의 외국인들은 한국어를 잘해도 너무 잘했다. 우리가 모르는 신조어도 알고 있었고 줄여 쓰는 말에도 익숙했다. 오히려 우리는 그 말들에서 헤매고 있었다. 그 짧은 순간에 오간 단어들을 좀처럼 알아듣지 못한 그날의 잔상이 깊었을까.

엘리베이터에서 한국어로 대화를 하던 그들이 또 떠

올랐다. 그들과 겹쳐 독일과 미국에서 만난 교포들이 생각났다. 독일의 파독 간호사와 광부들을 만나 대화를 나누다 보면, 그들이 갖고 있는 특유의 악센트가 있음을 알게 된다. 70년대에 독일로 향한 그들은 당시의 언어를 가지고 갔으며 여전히 그 단어들과 억양을 쓴다. 간호사로 독일에서 가정을 꾸린 한인 식당 사장님도 역시 70년대 서울말을 쓰고 있었다. 억양을 설명하기는 어렵지만, 지금보다 말의 높낮이가 있다고 생각하면 된다.

미국 교포들도 70~80년대 캘리포니아주에 자리를 잡아 당시의 언어를 그대로 낯선 땅에서 쓰고 있다. 교포 말투라며 비아냥거리는 한국 유학생들도 있었다. 그들이 만들어서 사용하는 '교포만이 쓰는 말'이 아니다. 그 말에는 시대가 담겨 있다. 시대의 언어다. 교포들은 이민 오기 전까지 살던 모국의 시대를 갖고 살며, 그 세월이 언어에서 고스란히 드러난다. 70년대 후반에 건너가 시애틀에 자리 잡은 외삼촌은 한국 사람을 만나면 이런 질문을 한다고 했다.

"애청하는 한국 노래가 뭡니까?"

누구는 은방울자매라 하고, 누구는 나훈아라 하고

또 누구는 이선희 노래라 한다고 했다. 그러면 삼촌은 '아, 은방울자매 노래를 좋아하는 이 사람은 60년대에 왔겠구나. 나훈아를 좋아하면 70년대, 이선희를 즐겨 들으면 80년대에 미국에 왔겠네' 짐작해 본다고 했다. 좋아하는 노래도 한국을 떠나온 당시의 시대를 담고 있다. 언어처럼. 시대의 언어는 각자만의 이유로 모국의 시대를 잠시 단절하고 외국으로 떠난 이들을 통해서 알 수 있다.

엘리베이터에서 만난 외국인들은 지금 우리가 살고 있는 대한민국의 언어를 쓰고 있다. 문화를 품은 언어를 배우고 있고 단어마다 적절한 억양과 감정을 담아 사용한다. 오히려 시대의 언어를 좇아가지 못하고 있는 건 나다. 재밌는 상상을 해본다. 외국인들이 알려주는 나의 현대 모국어를 배울 날이 있지 않을까.

맥주 두 병 주세요

외국인이 본 신기한 한국 문화 중 하나는 '음식 주문'이란 이야기를 들었다. 식당에서 각자 메뉴를 시키고 계산하는 것과 달리, 한국에서는 식당에 함께 간 이에게 묻는다.

"뭐 먹을 거야?"

상대나 친구의 메뉴가 나의 메뉴를 고르는 것에 적지 않은 영향을 끼친다. 친구가 면류를 시키면 나는 밥류를 시키거나, 친구가 국물요리를 시키면 나는 볶음요리를 시킨다. 함께 나눠 먹자는 뜻이다. 그래서 한국에서는 주문 전에 메뉴 선정을 위한 진지한 상의가 이뤄진다. 우리에게는 나눠 먹는 것이 익숙하고, 음식이 나오면 각자의 앞에 두는 것보다 테이블 중앙에 놓는 것이 자연스럽다. 이런 모습이 외국인들에게는 낯설면서도 신기했을 것이다.

나도 20대 초반까지 친구들과 메뉴를 함께 골랐고 나눠 먹었다. 독일에서는 자연스레 각자 주문하는 것에 익숙해졌다. 물론 피자를 혼자 시키는 것이 처음에는 어색했지만 그마저도 이내 별일 아닌 것처럼 되었다. 프랑스, 스위스 그리고 미국에서도 크게 다르지 않았다. 메뉴를 보고 원하는 음료와 요리를 테이블에 주문 받으러 온 웨이터에게 말만 하면 되는 것이다.

"저는 샐러드와 그릴드 치킨 주세요. 그리고 맥주 한 병 주세요."

식사가 끝나면 개별 영수증을 묻는 그에게 그렇다고만 하면 되었다.

"저는 카드로 계산할게요."

간혹 한국 사람들이 보는 이런 주문, 계산 문화는 낯섦을 넘어 어색하고 차갑다. 연장자가 산다거나, 그날의 주인공이 낸다거나, 초대한 사람이 쏜다거나 우리에게는 카드를 쥔 손이 모두가 아니라 우리 중 하나일 거란 생각을 한다. 그리고 비단 그것이 한국의 정(情)이라면 그렇게 표현될 수도 있다.

예전에 한 강연장에서 이런 문화를 한국의 가족주의의 연장선이라고 말하는 걸 들은 적이 있다. 함께 먹는 것은 가족의 문화다. 사회에서도 함께 먹으면 테이블에 초대된 모든 사람이 가족처럼 끈끈해질 수 있다는 뜻이다. 물론, 요즘은 개별적으로 주문하고 각자 계산해서 먹는 것이 흔하다. 그럼에도 선배가 한 번씩 사주는 식사에 처음 겪어 본 일처럼 크게 부담을 느끼거나, 거북해 하지는 않는 것 같다.

한번은 학교에서 직업군인으로 4년간 근무하다가 학교로 돌아온 친구를 만났다. 그 친구는 한국에서도 1년 정도 파병 근무를 갔다고 했다. 함께 있던 한국 사람들은 반가워하며 한국말로 인사를 건넸다. 그러자 그 친구는 겨우 인사 두 마디 정도만 한다며 쑥스러워 했다. 1년 동안 기지에만 있어서 딱히 한국어를 배울 필요가 없었단다. 그래도 자신 있는 한 마디가 있다고 했다.

"맥주 두 병 주세요."

웃으면서 친구에게 말했다.

"그 말은 책에서 배운 게 아닐 것 같아. 한국 사람한테 배운 거지?"

친구는 내가 묻는 뜻을 아는 듯 고개를 끄덕였다.

맥주 한 병이 아닌 두 병을 주문한다는 것. 한국에서는 자주 듣는 주문법이지만, 친구의 모국에서는 '맥주 한 병 주세요'가 더 익숙하다. 친구는 두 병 주문을 하는 문장을 아는 것이 아니라, '두 병을, 한 번에, 한 명이' 주문하는 방식을 알고 있었다. 두 마디 인사 정도만 한국어로 할 줄 안다던 친구는 한국어보다 문화를 더 먼저 배웠을지도 모른다.

나의 모국어를 쓰는 그들에게서 종종 나의 모국을 만난다. 가끔은 내가 하는 외국어, 그들이 하는 모국어에서 그들도 이런 지점을 발견할까. 우리가 하는 외국어에서 그들의 모국이 느껴질 때가 있을까.

외국어 세계의 문턱에서

잠시 외국어의 공간에 머물고 있다. 보름의 휴가를 내어 독일 남부 지방에서 지내고 있다. 외국어 세계에 돌아온 지금 매일같이 예전의 나의 모습들이 서서히 기억나고 있다. 외국어를 고민 끝에 내뱉던 순간부터 외국어를 붙잡고 큰소리로 원망을 쏟아내던 순간, 갑자기 언어가 늘기 시작해서 감격에 벅차던 순간, 외국어로 울고 웃으며 지나간 순간들까지. 장소를 옮길 때마다 그곳의 내가 떠올랐다. 그 순간 내가 어떤 외국어들을 중얼거렸을까. 아니면 모국어를 주워 담아 내뱉었을까. 기억이 나기도 하고 혹은 나지 않기도 했지만, 그 순간의 내 얼굴만큼은 희미하게나마 모두 기억이 나고야 말았다.

독일에 도착해서 이틀 후 친구 집을 방문했다. 친구는 석 달 전부터 우리의 방문을 준비하고 있었나 보다. 도착하자마자 맞이하는 식탁의 노란 화병과 노란

꽃. 오래 끓여 둔 육수로 준비한 독일 가정식 수프. 아이를 위해 바닥에 미리 세워 둔 도미노 블록. 아이에게 읽어 줄 스웨덴 그림책. 친구들은 우리를 얼마나 오래 기다렸을까. 그 고마움에 감사함을 더하며 한순간 한순간 아끼고 싶어졌다. 처음 보는 우리의 아이는 친구들에게 놀라움과 반가움이었고, 아이의 한국어 한마디에도 귀를 세우며 웃음으로 답했다. 아이는 친구들에게 서슴없이 다가가 안겼고, 그런 아이를 껴안고 무릎에 앉혀 친구는 그림책을 읽어 주었다. 한 글자 한 글자 조심스럽게 읽어 내려가는 친구는 몇 년째 배우고 있는 스웨덴 그림책을 선택했다. 아이는 친구가 읽어 내려가는 목소리에 귀를 기울이며 종종 미간에 힘을 주면서 집중하고 있었다.

첫 주말에는 또 다른 친구를 만났다. 그 친구는 중국에서 파독 간호사로 건너온 친구다. 요양병원에서 치매 환자를 보살피던 친구는 최근에 개인 오피스가 있는 병원으로 자리를 옮겼다. 그곳에서 환자들의 청력, 시력과 같은 검사를 진행하는 일을 맡고 있다고 했다. 그는 최근에 옮긴 새로운 직장과 함께 반가운 소식도 전했다. 바로 독일 국적의 남자친구와 약혼했다는 것. 그 어떤 선물보다도 더 감사하고 감동적인 소식이었다. 친구가 독일에 정착하기 위해 선택한 것이 결혼이 아니란 것도 분명히 안다. 그저, 친구가 이제 타국에서 새로운 가족이 생겨 마음 편히 뿌리를 내릴 수 있다는 점이 감사함이었다.

  스웨덴어를 배워서 내 아이에게 스웨덴 그림책을 읽어 주는 친구와 독일인 남자와 약혼한 친구가 여행 내내 신경이 쓰였다. 그들의 말이 사라지지 않고 깊이 남아서였을까. 아이를 사랑으로 대하던 친구는 십여 년 전부터 스웨덴어를 배우기 시작했다. 그리고 최근 2년에는 또 다른 이유로 더 열심을 내고 있었다.

  친구의 딸은 스웨덴 사위와 결혼해서 스톡홀름에 정착했다. 딸이 첫 딸을 얻고 둘째 아들을 낳는 동안, 친구는 스웨덴어를 배우기 시작했다. 손녀, 손자에게 들려줄 이야기가 많아서였다. 스웨덴 사위와 딸이 2주간 친구 집에 방문했을 때, 나와 남편도 함께 초대를 받았다. 그때 친구는 스웨덴어만 사용하는 손주들을 위해 열심히 준비한 몇 문장을 쓰고 있었다. '과자를 먹어 볼래', '이 주스는 맛있단다', '이 사진은 네 엄마 아기 때 사진이야' 등…. 이번에 만난 친구는 스웨덴어를 즐거움 이상의 의무감처럼 여기고 있는 것 같았다. 스웨덴어 사전이 종류별로 있었고, 책장 가득 스웨덴어로 된 어학서와 그림책, 동화책들이 꽂혀 있었다.

친구의 스웨덴 손녀는 현재 극심한 우울증을 겪고 있다. 코로나와 함께 시작된 거식증 증상은 손녀를 극한 상황까지 내몰았고, 지금은 누군가의 도움 없이는 일상생활이 불가능하다고 했다. 이유를 알고 싶다고 했다. 그 이유를 찾기 위해 가족들은 모두 그 아이를 위해 매일 어둠 속을 걷고 있다고 했다. 처음 손녀, 손자와 몇 마디 나누고 싶어 시작한 외국어 공부가 이제는 손녀의 이야기를 들어주기 위한 사명감으로 바뀌었다. 내 친구의 여든아홉 살 주름이 더욱 깊어 보였던 사연과 함께 내 마음도 내내 무거울 수밖에 없었다.

독일인 남자친구와 약혼을 한 친구는 더할 나위 없이 행복해 보였지만, 곧 커피 한 잔씩 들고 나간 산책길에서 그림자를 보고야 말았다. 친구는 지금 너무나 행복하다고 했다. 그리고 덧붙였다. "예전에 비하면 말이야"라고. 독일인 남자친구와 의사소통 문제를 겪었다고 했다. 10년 넘게 독일에서 간호사로 일했지만, 누구라도 완벽한 독일어를 한다는 건 어려운 일이다. 친구는 깊은 대화를 할 때마다 남자친구 앞에서 작아지는 자신의 모습에 오래 속앓이를 한 것 같았다. 연인 사이에서 언어의 문제는 사사로울 것 같지만, 막상 부딪히면 끝도 없이 깊고 복잡한 문제였다. 친구는 최근에 독일어 공부를 굳이 시간을 내어 한다고 했다. 가족이 있는 중국에도 방문하지 않은 게 벌써 7년이 넘었단다.

외국어를 배운다는 것이 이토록 독한 마음을 먹어야만 하는 것일까. 친구가 바라보는 외국어 세계가 한없이 안타깝고 가엾기까지 했다. 그게 사랑이라고 말하는 친구의 진심이 보였다. 안쓰러운 친구의 등을 토닥이면서 위로가 아닌 응원을 건넸다. 가끔 나를 향한 친구의 독일어에서 약혼자의 이름을 유난히 조심스레 담는 모습이 더 들어왔다. 그의 모습이 여행 내내 따라다녔다.

여든아홉 살 나의 친구는 스웨덴 그림책을 들고 와서 내 아이 한나에게 읽어 줘도 되겠냐고 물었다. 나는 오히려 한나에게 좋은 일이라며 오래오래 읽어 달라고 부탁했다. 친구는 아이의 손을 잡고 의자에 앉아 책을 펼치며 말했다.

"소피야, 우리 이 책을 읽어 볼래? 미안하구나. 한나야. 내가 이름을 잘못 말했구나."

친구는 손녀딸의 이름을 불렀다. 소피. 몇 년 전에 점심을 함께한 빛나고 아름답던 그 아이의 이름. 친구가 스웨덴어를 배울 때마다 마음에 새겼을 한 사람. 스웨덴 책을 읽을 때마다 불렀을 그 이름. 어둠을 걷는다던 친구의 가족들에게 가장 아프고 소중한 아이. 외국어의 세계에 들어간 나의 친구는 그 아이를 되찾기 위해서 매일 그 이름을 불렀을 것이다.

외국어 세계에 잠시 돌아와서 서서히 나의 희미한 얼굴들이 기억나고야 말았다. 쓰던 어휘와 뉘앙스, 문법 구조가 기억나는 것이 아니라 그 언어 안의 내 얼굴이. 친구들이 외국어를 배우는 이유는 누군가에게 다가가기 위해서였고, 누군가를 품고 보듬기 위해서였다. 친구들의 얼굴은 사랑과 때로는 사명감을 담고 있었다. 나는 그저 나에게 최선을 다하는 방법으로 외국어를 선택했을지도 모른다. 아니, 그랬다. 희미하게 떠오른 나의 얼굴은 조금은 초라했다.

외국어 세계에 다시 들어가기 위해 이번 여행을 계획했다. 외국어 세계의 문턱에서 들어갈지 말지 고민을 하던 차였다. 내가 다시 타국에서 잘 살아낼 수 있을까. 시간이 멀어질수록 자신 없어졌다. 모국이 주는 안락함이 다시금 도전하려는 이 마음을 수시로 내려 앉혔다. 마음이 사라지니, 지난 나의 얼굴들이 기억나지 않았다. 기억이 나지 않자 잊힌 것에 안도했다. 어쩌면 초라한 얼굴을 이미 알고 있었던 걸까.

외국어 세계의 문턱에 서자, 다시금 들어서고자 하는 마음이 생긴다. 내가 외국어를 품는 마음이 어떤 얼굴로 드러나야 하는지 알 것만 같다. 다시 문턱을 넘어 한 발 딛고 들어선다면 이제는 나도 사랑과 사명감을 지닌 얼굴로 외국어를 대할 것이다. 내가 아닌 사랑하는 사람을 품는 언어의 세계로 들어가려 한다. 외국어 세계의 문턱에서 외쳐 본다.

나 들어가도 될까?

epilogue
모국어와 외국어의 얼굴들

한국에 들어온 지 이제 3년차가 되었다. 첫해는 아이를 낳았고, 다음 해에는 서점을 열었다. 그리고 세 번째 해인 올해에는 첫 번역서와 첫 책을 내었다. 지금 이 글은 두 번째 책으로 엮어질 것이다. 첫 책은 나의 외국 생활을 담았다. 당시 그 글을 쓰다가 찾아본 책에서 이런 문구를 보았다.

"산다는 것은 어떤 장소에서 사람들이 언어의 힘을 빌려 새로운 공동체를 만들어 가는 것이라고 생각하고 싶다."
 - 다와다 요코, 『여행하는 말들』(돌베개, 2018)

독일 문학을 전공한 저자는 책 속에서 언어의 힘으로 살아가는 삶을 그려 냈다. 그 언어가 모국어일까. 외국어일까. 저자는 외국어에 힘을 두었다. 나는 첫 책을 쓰면서 줄곧 그에게 찾아가고 싶은 마음을 꾹꾹

눌렀다. 대화를 나누고 싶었다. 모국어와 외국어에 대해서. 물론 전공은 다르지만, 아시아인으로 독일 유학을 하며 유럽 국가에서 여러 활동을 한 부분은 얼핏 비슷해 보였다. 그런 핑계를 들어, 저자를 찾아가고 싶다는 생각을 하며 첫 책을 마무리했다.

이 정도면, 지금쯤 나는 그 저자와 이미 만났거나, 아니면 약속이라도 정했거나, 메일이라도 보냈어야 했다. 그 어느 것 하나 진행한 것은 없다. 그러다 이 책을 쓰기 시작했다.

모국어와 외국어를 사이에 둔 얼굴들에 대해서 이야기하고 싶었다. 나는 그 얼굴로 십여 년을 살았고, 그런 얼굴들을 가까이에서 보고 있기에 그리 오래 걸리지 않을 거란 생각이 들었다. 쓰는 내내 나는 그 얼굴들을 기억해 내느라 애를 먹었다. 모국어와 외국어를 사이에 둔 얼굴은 곧잘 기억해 냈지만, 모국어만 쓰는 얼굴, 외국어를 더 중요시하는 얼굴, 외국어를 경시하는 얼굴들이 등장하면서 몹시 혼란스러웠다.

산다는 것은 언어의 힘을 빌려 살아가는 것이라는 작가에게 또다시 묻기 시작했다. 모국어의 힘만으로는 살 수 없는 건가요? 외국어를 배우지 않고서는 새로운 공동체를 만들 수 없는 걸까요? 꼭 여러 외국어를 해야 할까요? 그 힘은 정말 있는 걸까요?

그러다 문득 '살아가는 것'과 '살아내는 것'은 다를 수 있다는 생각이 들었다. '살아가는 것'은 주어진 삶을 받아들이며 사는 순응에 가깝지만, '살아내는 것'은 주어진 삶이 아닌 스스로 결정한 삶에 대해 책임지는 행위는 아닐까 생각했다.

타국에 살면서 만나는 얼굴 중에는 살아가는 삶이 있었고 살아내는 삶도 있었다. 살아내는 삶은 모국어와 외국어 사이의 얼굴을 보여주었다. 살아내는 삶 속의 그는 스스로 외국어를 받아들이기로 결정하고 모든 것을 열심 내서 움직이고 있었다. 나 역시 살아내는 삶의 얼굴을 하고 있었다. 스스로 선택한 독일이라는 나라에서 외국어 역시 영어로 대체하려 하지 않았다. 독일어를 공부하기로 결정했다. 하고 있던 공부를 확장하기 위해 프랑스어를 택했다. 그리고 친구가 되고 싶어서 중국어도 공부했다. 중간중간 요리조리 이 언어 저 언어 넘어 다니기도 했다. 살아가는 삶보다는 다른 언어로 살아내는 삶을 택하고야 말았다.

다른 언어로 살아내는 삶은 다채롭다. 그러다 외롭다. 그럼에도 또 살아내려고 언어의 힘을 빌린다. 그리고 또 찾아낸다.

이 글을 다른 언어로 살아낸 이의 얼굴로 바라봐 주셨길 바랍니다. 살아낸 그들과 저의 얼굴을 흔쾌히 담아 주신 소나무출판사와 편집장님에게 감사를 드립니다. 살아내는 삶 속에서 늘 격려를 아끼지 않았던 엄마와 가족 그리고 친구들에게 고마움을 전합니다. 타국에서 다른 언어로 살아냄을 같이 견뎌 준 남편에게 고맙습니다. 엄마의 모국어로 '내가 엄마를 더 더 더 더 사랑해'라고 고백하는 딸아이에게도 고마움과 사랑을 함께 전합니다.